LE 3e SOUFFLE
OU L'AGIR UNIVERSEL

« Espaces libres »

DU MÊME AUTEUR

Le 7e Sens
ou le corps spirituel

Albin Michel, 1991

La Conscience d'Être
Ici et Maintenant

Espace bleu, 1983, 1991

Le Grand Passage
Mes expériences de dédoublement
et de voyage hors du corps

Courrier du Livre, 1978
Espace bleu, 1994

JEANNE GUESNÉ

LE 3e SOUFFLE
ou l'agir universel

Albin Michel

Albin Michel
▪ *Spiritualités* ▪
Collections dirigées
par Jean Mouttapa et Marc de Smedt

22, rue Huyghens, 75014 Paris

ISBN : 2-226-07939-4
ISBN : 1147-3762

Sommaire

PRÉFACE, PAR MARC DE SMEDT 9

À LA DÉCOUVERTE DES INSTANTS « VÉCUS » 13

« CE N'EST QUE LORS DU GRAND RÉVEIL QU'ON SAIT QUE TOUT N'A ÉTÉ QU'UN GRAND RÊVE » 31

QUELQUES SUBLIMES INTERCESSEURS SUR LE CHEMIN DE LA LONGUE PATIENCE 51

« CE N'EST PAS TOI QUI FAIS DES ESSAIS, C'EST AVEC TOI QU'IL EST FAIT DES ESSAIS » 97

« NUL NE PEUT ATTEINDRE L'AUBE SANS PASSER PAR LE CHEMIN DE LA NUIT » . . 159

LES MÉTAMORPHOSES DE L'ATTENTION 195

Préface

Jeanne Guesné me demande d'écrire un petit texte pour introduire ce livre et je m'entends lui répondre : « Mais que dirais-je que vous n'ayez pas dit ? »

Devant sa douce insistance de grand-mère, je m'incline et voici : il me semble que la force de ses textes ne vient pas seulement du fait qu'ils s'enracinent dans une expérience de vie riche et douloureuse qui lui permet de témoigner à cœur ouvert, sens en éveil et conscience en plénitude d'acuité. Il est, en effet, une autre indéniable raison de se plonger dans cette claire écriture : elle nous implique directement.

Chacun des milliards d'êtres humains peut être concerné par ce que Jeanne Guesné nous dit, car elle nous parle d'une réalité que nous vivons jour après jour, nuit après nuit. Même si souvent nous n'en avons qu'une bien trop fugace perception, la dimension qu'elle nous révèle est la grande potentialité de chaque individu, celle dont tous les vrais sages de l'histoire ont parlé pour mieux nous éveiller et nous libérer, celle que tous les faux gourous font miroiter pour ensuite mieux endormir leurs ouailles et les enfermer.

Jeanne Guesné, elle, en des mots simples, nous parle de ce qui pourrait être une véritable spiritualité laïque, indépendante, accessible, ouverte.

Sur la route de la vie, nous courons. Et les sportifs connaissent bien ce deuxième souffle qui, au-delà de l'essoufflement, donne une nouvelle énergie permettant d'aller au-delà de nos propres capacités.

Dans ce livre-testament, Jeanne Guesné nous propose d'arriver au troisième souffle, celui qui, au-delà du 7ᵉ sens qui lui est cher, nous permettra d'atteindre un palier d'évolution humaine qui donne tout son sens à la notion même d'exister.

Marc de SMEDT

À tous ceux qui ressentent
« l'Appel »
ICI et MAINTENANT

« La transcendance n'évacue
pas l'humain.»

Emile GILLABERT

À la découverte des instants « vécus »

C'est à travers notre Être profond qui est l'Être profond de toutes choses, que nous arrivent toutes les perceptions extérieures, la voix des paysans bavards, l'aboiement d'un chien.

KRISHNAMURTI

Le jour est à son déclin. L'ombre envahit lentement la grande pièce familière, où l'incessante souffrance d'un zona qui n'en finit pas me retient prisonnière depuis des mois.

Sur mon bureau encombré, la lampe éclaire le courrier qui s'accumule dans l'attente d'un regain d'énergie que je n'arrive plus à mobiliser. Spéléologue de mes propres ténèbres, je n'arrive plus à remonter des profondeurs où je me suis enkystée. Je connais l'antidote : l'évocation de l'enfant que je fus.

C'était, je pense, en 1915. Sur le quai d'une gare, sans doute en fin d'après-midi car il fait déjà sombre, ma mère me tient par la main. Nous attendons mon père qui revient du front où il fut blessé à la tête il y a quelques semaines. Déclaré guéri, il bénéficie d'une permission avant de repartir au combat.

Tout à coup, un sifflement aigu signale le convoi qui approche dans un halo de fumée grisâtre, d'où s'exhale le halètement essoufflé des pistons de la locomotive. Je serre la main de ma mère, ma protectrice dans l'inquiétant décor de ce jour finissant.

Dans un fracas de wagons qui s'immobilisent en s'entrechoquant bruyamment, les portières s'ouvrent, libérant des hommes enrubannés de pansements géants, s'appuyant sur des cannes, des béquilles... tous ceux qui peuvent marcher... Anxieuse, ma mère me tire le long du quai... et le voilà... lui... papa ! Comme il est grand, plus grand encore par le turban de pansement qui lui recouvre la tête. Il m'arrache du sol et me serre contre lui avec la puissance d'une tendresse liée dans mon souvenir à la rugosité du tissu de son uniforme contre ma joue. Puis, me tendant devant lui à bout de bras, il me regarde avec tant d'amour, qu'aujourd'hui, les soixante-dix-huit années qui me séparent de cet instant sont gommées, inexistantes... Rien ne fut jamais plus fort que cet échange entre nous, entre le géniteur et son bourgeon. Il demeure mon viatique.

Une fois encore le miracle a lieu. Je retrouve le « goût » de la VIE qu'il m'a légué, le goût indicible, mais « perceptible » de ce processus qui traverse les corps depuis... la nuit des temps, assurant leur naissance, leur croissance, assumant leur décrépitude, et les quittant lors du « grand Passage »...

Ici, le corps est abandonné. Le processus se transforme en une intensité et une rapidité qu'il ne pourrait supporter.

Entre les deux pôles de mon existence, le second est encore à vivre, mon « histoire » s'est construite, mêlant inextricablement joies et peines, sourires et larmes, jeux d'ombres et de lumières. Parfois un flash coupe l'horizontalité du rêve diurne comme un cri qui m'appelle, mais sans vraiment m'éveiller. Cette fulguration est un regard qui traverse les âges, et établit un rapport avec des instants vécus de loin en loin au cours de l'existence.

Le premier m'advint, je devais avoir deux ans, au cours d'une colère qui me fit taper du pied en criant de rage parce que le vent m'arracha des mains une petite ombrelle en papier. Le second fut le contact avec le regard de ma jeune sœur qui avait neuf mois et moi presque trois ans. Ce fut un élan d'amour extraordinaire. Je m'en suis expliquée dans mon second livre *.

Je n'étais encore qu'une sorte d'ébauche recevant le souffle de régions inconnues et ne pouvant se préciser, ultérieurement, qu'à l'intérieur de certaines limites tracées par les événements extérieurs dans mon environnement.

Le troisième, à l'âge de six ans environ, m'introduisit dans ce que je peux appeler la dimension transpersonnelle et marqua pour toujours mon orientation.

Dès lors, chaque épreuve développa en moi le

* *La Conscience d'ÊTRE, Ici et Maintenant*, Éd. Espace Bleu.

besoin de comprendre le pourquoi des événements, des inégalités, des souffrances. Je « sentais » mentir les grandes personnes et cela m'était très douloureux. J'étais une enfant avec ce que cela implique d'impuissance devant les problèmes des adultes, et dans le même temps, je me mouvais dans un monde de « non-dits » qu'ils semblaient ignorer.

La puberté me délivra de mon identité fluctuante qui fut cependant l'élément déterminant de ma quête du « Qui suis-je ? ». Elle me « rassembla », me rendant plus affirmative et plus apte à faire face aux événements tout en renforçant ma sensibilité profonde.

De cette époque date ma première question essentielle : Pourquoi dis-je MA Vie ? — je ne dis pas : mon air, mon soleil, mon jour, ma nuit, etc. Heureusement, je n'attendis jamais de réponse au niveau de la question qui, pour moi, faisait office d'une pioche pour se creuser un passage.

Aujourd'hui, je sais que le JEU de LA VIE à travers les corps conduit au vieillissement qui, par un certain travail intérieur conscient, se transforme en une plénitude de la maturité de l'Âme.

Le ressenti de cette affirmation est le fil rouge assemblant ces pages.

Si un homme qui n'a vu que pendant un jour ou deux, se trouvait confondu dans un peuple d'aveugles, il faudrait qu'il prît le parti de se taire ou de passer pour un fou.

DIDEROT, *Lettre aux Aveugles*

Je sors de l'Hôtel-Dieu. C'est la dernière fois que j'ai vu Hervé... mais malgré la menace qui demeure suspendue à long terme, rien ne permet de penser qu'il s'agit de notre ultime rencontre.

Sur le trottoir, hors de l'odeur particulière, commune à tous les hôpitaux, je retrouve celle de la rue avec ses relents d'essence brûlée et le tumulte des bruits d'une grande cité. En face de moi, comme un havre de paix, Notre-Dame m'attire irrésistiblement. Je franchis le portail de la Vierge et me voici devant le transept. Je m'assieds au premier rang, indifférente à la ronde incessante des visiteurs passant par groupes, ponctuée d'arrêts admiratifs devant la beauté de ce sublime écrin de pierre.

En moi, une immobilité croissante s'insinue de profondeur en profondeur, élevant un mur de silence entre le bourdonnement d'abeilles des bruits étouffés et le silence de la cathédrale. Je m'enfonce de plus en plus dans sa vibration... je suis sa vibration qui m'ouvre à une intelligence inconnue. Sans que cesse le mouvement quotidien du décor, en pleine conscience, JE VOIS le dallage des grands carrés noirs et blancs me révéler son « langage » secret :

« Les hommes, plaqués à plat ventre sur le sol, rampent sur les dalles comme des escargots traînant leur coquille, tantôt sur du noir, tantôt sur du blanc, tantôt à demi sur l'un, à demi sur l'autre, inextricablement confondus avec ce qu'ils subissent, sans jamais comprendre comment cela leur arrive. Le sens d'un Ordre résonne dans tout mon corps qui se redresse : " Lève-toi et marche." La place de l'HOMME est *debout*, marchant consciemment sur les dalles, quel que soit son destin. »

La cathédrale vibre de toute sa puissance, le silence vibre, mon cœur vibre. Je me sens libérée d'un poids qui m'ancrait à une « masse ».

Une fluidité aérienne m'arrache à l'idée que je me fais de moi-même et des autres. Ultime barrière, mon intellect ne recevra jamais de réponse à la question qu'en moi, « personne » ne pose...

« Lève-toi et marche » est le travail de toute une existence. Il me faut « décoller » de l'horizontalité de ma condition humaine automatique et somnolente pour « vivre » la lucidité silencieuse de l'instantanéité de l'ÊTRE.

Le silence mental est en lui-même un monde, d'où émanent tous les mondes d'images, d'événements, de concepts... Il est le monde infini de la vie !

L'harmonie puissante de la cathédrale, l'équilibre de courbes et d'obliques, l'ampleur des proportions conditionnées par un invisible champ d'énergie créateur de formes, éveillent un écho dans ma sensibilité profonde. Une cohérence d'impressions inconnues me révèle l'inéluctable nécessité de la poursuite de ma quête spirituelle...

Tout m'invite à me « fondre » dans ce contact avec le Divin et je demeure immobile, suprêmement vivante dans ma méditation...

J'ignorais qu'elle marquait le début d'une étape nouvelle et douloureuse à plus d'un titre...

[...] L'homme crie où le fer le ronge
Et sa plaie engendre un soleil
Plus beau que les anciens mensonges.
Je ne sais ce qui me possède
Et me pousse à dire à voix haute
Ce qui m'habite et qui m'obsède...

ARAGON, *Les Poètes*

Les endormis vivent chacun dans leur monde.
Seuls les éveillés ont un monde en commun.
HÉRACLITE

Dans la pièce tranquille, flotte l'odeur d'une prairie après la pluie, le parfum acide de l'herbe humide qu'un rayon de soleil a caressée... un frémissement de la mémoire... autrefois... c'est maintenant, je suis tout entière dans cette jeune femme de vingt-quatre ans (1934) près de Madame T., dans le pré qui borde sa maison. L'après-midi s'achève avec l'embrasement du soleil qui s'enfonce lentement à l'horizon.

Un peu plus haut dans le ciel, une étoile, Vénus, l'étoile du berger, scintille solitaire. Le temps semble suspendu... c'est l'instant où les corps et les cœurs attentifs reçoivent dans leur chair le flux universel de la vie.

« Ma petite fille, c'est ainsi que Madame T. m'appelait, regardez l'étoile. Est-elle belle ? Elle est vivante, sentez-la tressaillir en vous. Écoutez-la vous parler. C'est elle qui reçoit ceux qui meurent d'un cœur pur... »

Puis, claquant le pouce contre l'index, « J'y suis », un autre claquement, « je reviens ».

« Ici... là-bas... ici, il n'y a pas d'intervalle de temps, pas de distance... Quand je pense que des gens me plaignent parce que je suis pauvre, que je ne possède rien, que je suis inconnue et âgée... alors que je participe à une telle richesse d'amour qui s'enfonce dans ma chair comme le battement d'un seul cœur contenant tous les cœurs, comme la chaleur d'une seule âme contenant toutes les âmes des vivants et des morts... Alors je dis : " Merci mon Dieu, faites que je sois digne de ce que je reçois. "

« Jeanne, n'oubliez pas ces instants que nous venons de vivre. C'est cela le miracle... le miracle de l'amour ! »

Mon mari auquel j'avais rapporté ces paroles fut très impressionné, et depuis, Vénus entrevue dans le ciel, au lever ou au coucher du soleil, joua pour lui aussi le signe d'un rappel de Soi, avant qu'il ne prenne conscience de ce que cela impliquait de transcendance.

En septembre 1939, lorsqu'il fut mobilisé, nous nous fîmes la promesse de nous « retrouver », chaque fois que cela serait possible, en regardant intensément Vénus ; notre regard fusionné dans sa lumière.

Nous ne nous doutions pas de la force inclassable de ce rendez-vous intersidéral, qui nous préserva de bien des turbulences de l'existence automatique...

Ce même rendez-vous, je le renouvelle avec les êtres qui me sont chers, disparus ou encore de ce monde. Tentez-le vous-mêmes.

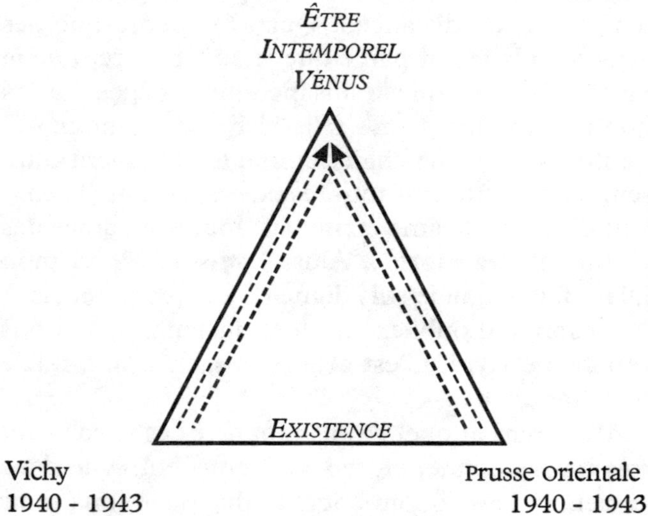

Le rendez-vous au-delà l'espace et le temps

Il fut le prélude d'une longue ascèse de l'ATTENTION sans INTENTION, l'immobilité dans l'agitation humaine, la stabilité dans la succession du temps qui s'écoule inexorablement, l'insaisissable frémissement de la Vérité qui se dérobe.

Madame T. m'avait accueillie (l'adolescente que j'étais alors) par ces mots dont le sens ne se révéla que beaucoup plus tard : « Ma petite fille, il y a sept ans que je vous attends ! » (En 1926, j'avais seize ans.)

Je me demande souvent de « revivre » des instants bouleversants passés près d'elle, enfouis depuis profondément en moi comme un trésor, les préservant d'une éventuelle tentation de l'ego de les magnifier artificiellement...

Les moments que je passai avec elle, entre 1926 et 1937, demeurent les plus précieux de ma vie. C'est elle qui sema en moi la graine d'exigence intérieure d'une vérité première. Je dirais aujourd'hui : l'aptitude à capter l'écho des « résonances ».

Lorsqu'on a « vécu » quelque chose, on devient capable de le faire vivre à d'autres, grâce à une intuition d'un « doigté » indispensable... Elle possédait toutes ces richesses de l'âme et de l'esprit.

Elle avait accès à plusieurs dimensions de la conscience à travers lesquelles elle se mouvait avec l'aisance d'un familier de ces « lieux de vie ». J'étais émerveillée par les détails qu'elle m'en donnait, mais je n'osais les rapporter à personne, tant ils eussent semblé extravagants. Pour moi, le doute ne m'a jamais effleurée. Mais qu'aurait pensé une personne « sensée » à cette époque, si je lui avais conté que Madame T. se sentait et se voyait vivre parfois simultanément en 1927 (au moment où elle m'en parlait) et en 1570 dans l'entourage de Catherine de Médicis et, particulièrement, parmi ses astrologues ?

Elle me rapporta des détails saisissants sur des réunions de thaumaturges à Lyon, au sein de ces traboules qui les cachaient par leurs lacis de passages reliant des boutiques où se tenaient leurs réunions. Elle ne comprenait pas elle-même comment il se faisait qu'elle fût la seule à vivre de telles expériences. Dans son existence actuelle plus que modeste, elle ne possédait aucun livre, n'ayant jamais reçu que les rudiments d'une instruction. Or, dans tous les événements où elle pénétrait, son savoir était grand. Elle participa, par exemple, toujours à Lyon, mais à une époque plus proche, semble-t-il (XVIIIe ou XIXe siècle), à des cours et à des autopsies à la Faculté de médecine.

Elle m'en parlait d'ailleurs avec des termes précis, inconnus dans sa condition sociale.

Un jour, elle me parla d'Hitler dont elle entendait monter des rumeurs inquiétantes. Avec mon père, nous venions justement de lire dans un quotidien important, dont j'ai oublié le nom, un article signé par Geneviève Tabouis, journaliste politique renommée. Elle s'élevait contre la crainte ressentie par les Français devant cet homme qu'elle jugeait sans importance, et parlait d'une manipulation de l'opinion. Son article se terminait par ces mots que je n'ai jamais oubliés : « Hitler est écarté de l'ombre même du pouvoir. »

Or Madame T. se voyait dans de longues files de gens de tous âges qui fuyaient sur les routes. C'était la guerre... des bombardements incroyables avec des bruits stridents... du malheur... et encore du malheur... et lui, Hitler, vainqueur, commandant tout, maître de tout.

Elle avait désiré le « voir » devant elle et brusquement s'était trouvée dans sa chambre lorsqu'il se couchait. Elle avait discerné une sorte de bulle protectrice transparente comme un gaz entourant son corps et repoussant toute pénétration de l'extérieur. Il émanait de lui, m'a-t-elle dit, une énorme puissance... elle m'avoua qu'il représentait un terrible danger pour le monde.

Elle décéda en mai 1937.

Je n'ai mentionné son existence et l'impact extraordinaire qu'elle suscita en moi, que ma dernière année de participation aux groupes d'enseignement Gurdjieff. Chaque fois que je décidai d'en faire part au docteur Conge, qui était mon instructeur direct, un incident quelconque annulait ma confidence. Je compris plus tard que cela ne fut pas fortuit. Si je lui en avais parlé au début (1949), cela aurait suscité chez lui, l'universitaire, le scientifique, une incrédulité moqueuse que je n'aurais pas supportée et je serais partie. Il comprit mon respect pour elle et, tous les deux, nous avons « ressenti » combien nous étions dépendants de la force de vie commune reliant nos destinées.

Sans doute comprenez-vous maintenant combien est vraie la cinquième dimension des schémas d'Ouspensky *, qu'il appelait la dimension de l'éternité : « Les possibilités qui ont été réalisées continuent d'être réalisées sans fin dans l'éternité », et combien les théories du physicien Karl Pribram,

* *Fragments d'un Enseignement inconnu,* Éd. Stock.

selon lesquelles tout ce que nous voyons et ce que nous sommes nous-mêmes seraient des hologrammes construits par notre cortex à partir d'une énergie de l'Univers, apportaient de l'eau à mon moulin.

Ces « aventures » contées au début du siècle, et dont l'authenticité pour moi ne faisait aucun doute, malgré l'absence d'explication rationnelle, trouvent aujourd'hui une justification dans les « hypothèses » des scientifiques les plus sérieux.

Avant de quitter moi-même la « scène », et surtout parce que ce départ se rapproche inéluctablement, « j'ose dire » ce que j'ai tû durant plus d'un demi-siècle. Je pense que cela peut aider d'autres chercheurs... Moi-même, sans les merveilleux intercesseurs que furent pour moi Madame T., Shri Ram, Krishnamurti, Gurdjieff, Dürckheim, les Évangiles... aurais-je pu décoller ?

« Un jour, Keshab Chendra Sen s'en vint voir Shri Râmakrishna au temple de Dakshineswar et lui posa cette question : “ Beaucoup de savants (pandits) lisent quantité de livres sacrés. Comment se fait-il alors qu'ils n'obtiennent jamais la vraie sagesse spirituelle ? ”

Il répondit : “ Le milan et le vautour planent très haut dans le ciel, mais ont tout le temps les yeux fixés sur les charniers, à la recherche de carcasses en décomposition. Le milan et le vautour sont ceux qui font de grands discours et qui essaient de se justifier en faisant les œuvres (karma) prescrites par les livres sacrés. L'esprit des soi-disant lettrés reste attaché aux choses terrestres, à “ la femme et l'or ” ; c'est pourquoi, ils ne peuvent acquérir la vraie Connaissance. A quoi bon lire un grand nombre d'œuvres sacrées, si l'on doit s'en tenir là ? ”

A quoi sert le savoir livresque ? Les pandits peuvent connaître beaucoup de versets et de textes sacrés, mais à quoi bon les répéter ? Il faut réaliser dans votre vie les vérités contenues dans les Écritures. La simple lecture, tant que vous restez attachés au monde, à “ la femme et l’or ”, ne vous apportera ni la sagesse ni le salut.

Nos soi-disant pandits sont grandiloquents. Ils discourent sur Brahman, sur Dieu, sur l’Absolu, sur le Jnânayoga, la philosophie, l’ontologie et maintes autres choses. Mais peu d’entre eux ont réalisé ce dont ils parlent. Ils sont secs, durs et ne sont bons à rien.

Il est facile de dire : do, ré, mi, fa, so, la, si, do, mais moins facile de jouer ces notes sur un instrument. De même, il est aisé de parler de la religion, mais difficile de la pratiquer.

Un perroquet peut répéter le saint nom de Râdhâ-Krishna, mais s’il est attrapé par un chat, il révèle aussitôt son cri naturel : “ Kao, Kao ! ”

Les hommes sages selon le monde répètent parfois le nom de Hari et s’occupent d’œuvres pieuses et charitables ; mais quand les infortunes, les douleurs, la pauvreté ou la mort les accablent, ils oublient et leurs exercices spirituels et Dieu *. »

* Texte extrait de *L’Enseignement de Ramakrishna,* recueilli par Jean Herbert, Éd. Albin Michel.

« Ce n'est que lors du grand réveil
qu'on sait que tout n'a été
qu'un grand rêve »

TCHOUANG-TSEU

Depuis quelques années, une littérature « industrielle » d'ésotérisme en tout genre banalise dangereusement un fait qui se produit spontanément chez certaines personnes, à la suite d'événements de santé (traumatismes physiques et psychiques, anesthésies, peur violente, etc.) ou parfois sans cause précise : le phénomène de sortie hors du corps.

Il s'agit d'un sujet que je connais bien, pour l'avoir étudié sérieusement et pratiqué moi-même durant de nombreuses années. Je m'en suis expliquée longuement dans un livre dont le physicien Jean E. Charon avait écrit la préface *.

Impressionnée très jeune par le problème de la mort, j'ai désiré intensément me prouver à moi-même que je pouvais quitter mon corps sans mourir, à l'instar d'une personne ** avec laquelle je fus très liée durant douze ans, et qui possédait cette

* *Le Grand Passage*, Éd. Le Courrier du Livre, 1978 ; Éd. Espace bleu, 1994.
** Madame T.

faculté congénitale. Lorsqu'elle disparut, après m'avoir affirmé qu'elle ne me quittait pas, car la vie est éternelle, je ressentis le désir intense de tenter moi-même l'expérience.

Je dois préciser que je n'avais aucune disposition, ni aucune information pour entreprendre cette dissociation. J'ajoute, et cela est très important, que je jouissais d'une santé satisfaisante, ne nécessitant aucune prise de médicaments susceptibles d'entraîner telle ou telle perturbation dans ma composition sanguine.

Durant treize mois, je me soumis chaque nuit à des relaxations de plus en plus profondes des muscles, relâchement de mes pensées, concomitant avec un ralentissement de la respiration, attendant... l'instant de la séparation de mon corps avec ce qui se sent « moi » en lui.

Je pense également que des facteurs climatiques, hygrométriques et ionisants, peut-être la phase du cycle lunaire, entrent en jeu et qu'il y a coïncidence avec un certain abaissement de la tension artérielle et surtout une absence totale d'émotivité.

Ma première réussite fut cruciale. Le fait est qu'une certaine nuit, exactement celle du 31 mai au 1er juin 1938, à un certain moment, je « sus » que cela était possible. Alors une peur atroce, une peur de « ventre » me submergea : je risquais la mort, et j'avais vingt-huit ans... mais en même temps j'avais la certitude que si je reculais, je ne pourrais plus jamais réussir... alors je fis l'effort indicible et je sortis. C'est-à-dire que je me retrouvai au plafond de ma chambre, flottant sans poids et cherchant vainement à trouver un équilibre, dans la position des astronautes dans leur capsule (mais, à cette époque, il n'en était pas encore question).

La peur avait disparu. Je pense qu'elle est l'expression de l'instinct de conservation, car je fus toujours confrontée à elle à chaque expérience « volontaire ».

J'avais la preuve que la vie n'est pas terminée hors du corps, puisque, sans aucune perte de conscience, dans une luminescence bleutée assez semblable à la luminosité d'un clair de lune, je voyais, au-dessous de moi, mon lit avec mon mari qui dormait paisiblement et... mon corps que je venais de quitter. Je crois qu'aucun récit ne peut communiquer l'impression saisissante que je ressentis... j'étais sortie de mon corps et j'étais toujours vivante ! Je dirais même que j'étais plus présente à cette réalité nouvelle qui était moi, avec une intensité de conscience décuplée. (Je compris plus tard combien la matérialité du corps amortit l'impact des impressions reçues.)

J'ai reçu suffisamment de lettres, me demandant des conseils, de personnes qui avaient peur à la suite d'un début d'expérience, ou qui avaient été marquées par elle, pour me décider à faire part de mes réflexions sur ce sujet brûlant. N'oublions pas non plus que de nombreux toxicomanes connaissent cet état fluctuant qui, d'ailleurs, les détruit.

Durant des années, je renouvelai ces expériences volontairement, mais hélas jamais je ne pus les réussir à volonté. Néanmoins, une longue pratique de ces « sorties » se révèle indispensable pour acquérir un minimum de contrôle de l'expérience en cours. Une constatation s'avère fondamentale dans ce nouvel état de l'Être : la moindre pensée s'actualise instantanément. Mais il me fallut dix années de pratique avant que la réalité de la *pensée créatrice* s'impose à ma conscience habituelle.

Vous mettez très longtemps à comprendre que toutes ces choses, ces événements, ces personnes que vous voyez sont des créations de votre esprit, et qu'en dehors de lui, qui les fait apparaître, elles n'ont pas d'existence réelle. Je dois ajouter qu'au cours de ces expériences, je n'ai plus la faculté d'analyser, de déduire ; la rationalité est inconnue. Une pensée me traverse et, instantanément, elle est actualisée. On peut dire que le Verbe est créateur dans cette dimension qui doit être celle du Mental. Pendant dix années, j'ai subi l'extraordinaire pouvoir de cette pensée créatrice rapide et déroutante, sans le comprendre. Je pèse mes mots, cela est parfois terrifiant : être comme aspirée par une force irrésistible qui vous entraîne à une vitesse folle et vous retrouver plongée dans une rivière tumultueuse ou poursuivie par des chiens enragés. Chaque fois, le paroxysme de la situation me ramenait brutalement dans mon corps avec un choc très rude au cœur ou au cerveau. J'eus beaucoup de chance...

Mais il m'arrivait également de prendre contact avec des environnements d'une grande beauté dont les couleurs sont tissées de sensibilité vivante. Je n'ai vu nulle part de rose, de vert, d'or plus lumineux, ni de visages plus harmonieux, empreints d'une telle gravité douce et confiante.

Chaque expérience nouvelle approfondit ma compréhension des expériences antérieures. Je cherchai à saisir sur le fait les articulations existant entre l'état de manifestation dans mon corps et l'état de vie hors de lui. Je constatai qu'il s'agit chaque fois d'une activation intérieure de la faculté de *PERCEVOIR-ASSOCIER-SENTIR* d'une façon cohérente et *CONSCIENTE*.

Après avoir beaucoup réfléchi, je compris que le mouvement de mon corps physique s'effectue dans un espace homogène extérieur à lui, alors que celui de cette « chose subtile » qui sort de lui et par lequel je prends contact avec des dimensions inconnues de la Vie est un espace de « densité » exceptionnellement légère qui obéit à la pensée instantanément.

Sans doute serait-il opportun d'adjoindre au terme espace-temps, celui d'intensité-instantanéité ? Car lorsque je parcours des espaces inconnus, et je dis intentionnellement des espaces et non un espace, ils diffèrent par leur densité respective.

Il est certain que les sorties qui laissent une impression durable de confiance et de paix s'effectuent dans un espace d'une légèreté infinie. Les déplacements y sont instantanés, sans résistance et à travers une luminosité transparente et vibrante. Il semble que la matérialité des gens et des choses qu'on y rencontre vibre d'un mouvement extrêmement rapide. Imaginez une masse de granit ayant la mobilité du mercure et gardant cependant sa structure fixe.

Malheureusement, sans que je le désire, et peut-être parce que je le crains, je suis souvent entraînée dans des espaces d'une grande densité où l'atmosphère est lourde, oppressante, où les bruits sont ressentis douloureusement. Ce sont des coups sourds, des crépitements métalliques, des craquements inconnus dans notre monde habituel. Il y règne un froid humide qui me paralyse comme une peur. Et, surtout, j'y rencontre l'eau sous toutes ses formes. C'est l'élément terrible, déchaîné, obscur, qui m'engloutit en me communiquant une angoisse insurmontable. Les objets, les constructions, les paysages rencontrés au cours de ces sorties désagréables sont laids, sales, visqueux. Il règne toujours une demi-obscurité et je me déplace lourdement, difficilement, presque à l'horizontale, un peu comme on nage à contre-courant. Un peu comme Jean Marais flottait et avançait à travers une rue dévastée, bordée de décombres, dans le film *Orphée* de Jean Cocteau. Je pense que Jean Cocteau connaissait ces expériences.

Toute une gamme de densités existe en nous simultanément et nous n'en sommes pas conscients. Il semble que nous ayons virtuellement la possibilité de traverser des mondes de matérialités, donc de densités différentes, emboîtés les uns dans les autres sans se confondre jamais comme des poupées russes. Paradoxalement, sans cesser d'être là physiquement, on est « ailleurs », et cet ailleurs est infini...

Depuis 1938, j'ai mûri une réflexion profonde sur tous ces phénomènes que j'étudiais après chaque « retour » très sérieusement, comme un scientifique dans son laboratoire, avec cette différence que j'étais simultanément l'expérimentateur, le cobaye et l'expérimentation. J'en connaissais les dangers pour le cœur et le cerveau (je le faisais volontairement, c'est-à-dire qu'il s'agissait d'un acte contre nature, et on ne viole pas impunément l'ordre des choses). De plus, j'en avais tiré certaines leçons :

1° Ma vie ne se termine pas en cessant de participer à celle de mon corps ; elle peut exister hors de lui.

2° Il existe un rapport entre mon « humeur » psychologique et l'atmosphère des paysages parcourus durant l'expérience hors du corps.

3° TOUT se crée à partir de moi. Il me semble exister dans une spontanéité créatrice, source et origine de tous les possibles, et cela dans l'instantanéité.

4° Le phénomène VIE est continu, c'est l'existence de la vie dans un corps qui est discontinue.

5° Dans ma vie quotidienne je suis plus ou moins dépendante des circonstances matérielles et psychologiques. *Hors du corps, je ne possède plus aucune autonomie.* Il ne vient à l'idée de personne de douter de la réalité de son propre appartement, de ses meubles, de la ville dans laquelle il réside, ainsi que de la réalité des habitants, etc. Or, dans ces autres dimensions de la vie, l'impression de réalité est prodigieuse, beaucoup plus intense que je ne l'avais jamais ressentie. Je ne possède plus aucun contrôle sur ce qui se passe en moi et dans mon environnement. Je suis à la merci des « pensées-mémoires » automatiques qui s'actualisent instantanément dans le plus grand désordre, mais, néanmoins, selon ma propre culture. Ne faisons pas l'erreur de croire que nous contrôlons notre pensée. Ici, comme dans cette autre modalité de la Vie, c'est ELLE qui nous « agit ».

Je vous l'ai dit, il me fallut dix ans d'expériences et de réflexion sur elles au retour, pour en comprendre les aspects essentiels. C'est pour cela que je considère comme un devoir qui m'incombe : détourner du désir de tenter ces expériences extrêmement dangereuses pour la santé physique et mentale, AVANT que la longue et persévérante pratique d'une ascèse spirituelle n'ait transformé psychologiquement le candidat à la Connaissance de SOI.

Enfin, le dédoublement, c'est-à-dire la sortie hors du corps physique, de ce que j'appellerais le corps d'énergie, n'est en aucun cas un aboutissement. Il ne mène à rien de solide, de sérieux, dans une fantasmagorie que notre « moi-je » subit sans pouvoir jamais la contrôler. Et cela pour une raison très simple : sortir de son corps n'est pas sortir de son ego, c'est-à-dire de son moi psychologique. Au contraire, *c'est lui qui n'est plus protégé* par le confortable amortisseur que constitue le corps physique.

Le corps physique baigne dans une structure psychique qui se continue dans une structure mentale. Il est donc possible à ce moi issu du corps physique de « voir » celui-ci et de connaître les multiples péripéties des dimensions psycho-mentales de l'ego.

Des années de travail avant qu'en un éclair, je comprenne la dimension du RÊVE, « endormie et éveillée », et l'esclavage dans lequel il me maintenait !

Trois rythmes différents de la pensée associative créent trois degrés de matérialité : état de rêve, de veille, de dédoublement. Elle est à la fois l'auteur, l'acteur et le spectacle. Chacun se tend un piège dont il est la victime et le dédoublement est un piège supplémentaire qui l'enfonce plus profondément dans l'erreur, en lui donnant l'impression d'une expérience fondamentale.

Je dois ajouter une précision : il existe une énorme différence entre la sortie du corps *volontairement* comme je l'expérimentais et les NDE à la suite de maladies, opérations, anesthésies, accidents, peurs, etc. qui sont « subies » naturellement et n'entraînent pas le choc contre nature d'une provocation. Pour tout dire, je jouais à l'apprenti sorcier.

C'est à ce moment crucial où, comme René Daumal, je vivais le drame de l'impossible envol, que je rencontrai le plus simplement du monde un livre qui marqua définitivement le sens de mon existence : *Fragments d'un Enseignement inconnu* d'Ouspensky.

Mon travail antérieur me permit d'entrer de plain-pied dans un groupe * et la rigueur des efforts exigés fut une aide incomparable. Durant dix ans, je me soumis à des impératifs souvent en contradiction avec les obligations de ma vie quotidienne. Mais, aujourd'hui, quarante ans plus tard, je

* Un groupe de travail Gurdjieff.

mesure tout ce qu'ils m'apportèrent de force, de confiance et de détachement dans la poursuite de ma quête spirituelle.

Ma participation à leur travail collectif comprenait une condition incontournable : ma promesse de cesser définitivement mes expériences de sortie du corps. Et je « saisis » très vite la raison de cette interdiction. Tout le travail peut se résumer dans le terme : ascèse de l'ATTENTION. Où peut se développer l'attention si ce n'est dans le corps ?

Désormais, c'est la durée intégrale de l'existence qui est la « trame » de l'énergie-substance sécrétée par « l'effort Attention ». Un nouveau corps « se geste » à l'intérieur du corps physique et le temps de sa gestation coïncide avec le temps de l'existence du premier. C'est tellement simple, et tellement difficile à admettre par nos intellects sur-informés automatiquement qu'ils sont devenus imperméables aux lois universelles de la vie : « Ils ont des yeux et ils ne voient pas, ils ont des oreilles et ils n'entendent pas. »

Toutes les étapes, de la conception à l'accouchement, doivent être vécues dans le secret de l'intériorité de chacun. Très peu sont menées à terme. Souvenez-vous : « beaucoup d'appelés, peu d'élus ». Dans notre monde, lorsqu'un enfant naît, on dit qu'il est le fruit de l'amour de ses parents. La seconde naissance est le fruit de l'effort de l'ATTENTION SE TRANSFORMANT ELLE-MÊME dans la matrice qu'est le corps physique. L'attention EST la VIE dans notre existence. Elle est ce qui en nous est immortel et que nous devons « redécouvrir » avant le terme de notre existence, sinon, comme disent les Tibétains, c'est : « Une Vie pour rien. »

L'exercice fondamental de cette ascèse se nomme : le Rappel de Soi. Il pratique une brèche dans la carapace psycho-mentale dans laquelle nous sommes enfermés sans en être conscients. Désormais, trois mots clés tracent notre route : Vigilance, Patience, Persévérance. Ils désignent trois victoires à gagner sur notre absence d'Attention *consciente*, au cours de nos actions, qu'elles soient physiques, émotionnelles ou mentales.

Le papillon se fait dans le corps de la chenille, non à l'extérieur. Nos métamorphoses obéissent au même principe. Le manque d'épreuve implique un manque d'effort pour se structurer, et devient une barrière à l'éveil. Il faut apprendre, en se donnant des « rendez-vous » avec soi-même (une sensation, un geste, une pensée) au cours de la journée, à se structurer au contact des événements de l'existence. Ne nous perdons pas dans des recherches illusoires à grand renfort de techniques respiratoires qui nous éloignent obligatoirement du réel, puisqu'elles font le jeu du moi psychologique en intensifiant son contrôle.

Le souffle est l'expression de la VIE en nous. Ne tentons pas de le « manipuler ». La pensée est également un mouvement de la vie ainsi que le geste. VOIR ces trois modes d'expression à « l'instant » où ils apparaissent, « avant » leur actualisation. Cela signifie que votre *attention est plus rapide* que ces manifestations automatiques. Votre travail d'observation consciente l'a « dynamisée ». Elle atteint son paroxysme dans le silence intérieur d'où TOUT émane.

L'homme qui ne sent aucune aspiration à découvrir un sens à la vie, qui ne ressent aucune inquiétude métaphysique, est animé par l'Énergie-Vie-Conscience automatique. Il SE pense moi-je. À partir de la qualité intellectuelle de mémoire de ce moi-je psychologique, une pensée associative automatique va œuvrer en lui de l'éveil du matin au sommeil de la nuit.

Cette pensée, en dehors du domaine fonctionnel où elle est indispensable, ne répond pas à ma nécessité d'ÊTRE. Elle est conditionnée par mon éducation, mon environnement social et, de ce fait, naturellement dualiste, et conflictuelle. Lorsque l'intellect se libère de son identification aux automatismes mémoriels qui lui confèrent le sens de sa personnalité, il se met spontanément au service de la CONSCIENCE qui contrôle les fonctions. Et je vous assure qu'il est extraordinaire de VOIR et SENTIR tout à coup que son moi psychologique « est un mouvement centripète » qui s'enferme sur lui-même en créant le sens de la séparation, le sens d'une existence personnelle. Son centre de gravité est dans la tête, son poste de commande habituel.

Dans le véritable « rappel de Soi », le mouvement est au contraire centrifuge et le centre de gravité est dans le ventre. C'est l'ouverture au monde, la non-séparation... la paix... l'amour ! Mais, surtout, ne tentons pas de l'imaginer, ce serait le meilleur moyen de ne jamais le connaître.

L'existence est centripète, la VIE est centrifuge,

les deux sont là simultanément. Nous ne sommes conscients que d'un seul. Il nous faut les relier durant notre existence par un « pont » de conscience... Vaste programme pour le pèlerin sur la route de l'impossible, avec pour seul viatique indispensable : la FOI.

N'allons pas faire l'erreur de lui accoler un objectif, nous retomberions immédiatement au niveau du « moi-je » mental, de l'ego qui nous enferme dans son mouvement centripète automatique.

La Foi est une énergie qui conduit au niveau spirituel. Elle est libre de toute adhésion intellectuelle à une croyance. Analogiquement, elle est le rayon laser par rapport au rayon de lumière diffractée.

La lumière est l'énergie-origine, la source du discernement de toutes les gammes de perceptions sensorielles et extra-sensorielles. Elle est en nous, alors que nous la cherchons à l'extérieur. Elle est en chaque instant « vécu », où tous les possibles existent en potentialité... À nous d'actualiser tel, ou tel, ou tel... C'est d'ailleurs ce que nous faisons, mais inconsciemment par nos réactions automatiques, elles-mêmes engendrées par nos « états intérieurs ».

Ce que mes expériences m'ont appris, c'est que le cours du temps est un facteur essentiel de la réalisation spirituelle. Rien ne se fait sans lui et, cependant, rien ne sera réalisé AVANT de le transcender... L'existence est une accumulation de paradoxes à résoudre... Chacun, en s'annulant, libère « sa » vérité...

Il s'agit véritablement d'un drame cosmique à notre échelle : je crée moi-même des images d'événements dans lesquelles je m'enferme. Si je veux connaître, et ne plus seulement savoir, il me faut remonter à la source du « moi-je » et le VOIR à l'instant où il jaillit. Là gît le secret de l'ÉVEIL. Mais à l'inverse de la réalisation de tout projet au cours de notre existence, on ne peut prévoir aucune représentation formelle concernant cette recherche de « quelque chose » d'inconcevable, au-delà de toute parole, de toute image.

Quelle chaleur ai-je ressentie, il y a de cela une vingtaine d'années, à la lecture de certains passages du livre de Carlo Suarès, *Mémoire sur le retour du Rabbi qu'on appelle Jésus* *, notamment celui-ci :

> « [...] La science nous ouvre des perspectives d'une Conscience, ou plutôt d'une sphère de conscience englobant tout ce qui est, du caillou à la galaxie, en passant par les plantes, les animaux, l'homme. L'antique séparation, ciel terre, disparaît et je disais que cette nouvelle perception fait partie du " Retour du Rabbi ", dont le plus clair de ce qu'il disait est qu'*il n'y a pas de cloisons étanches dans le phénomène conscience.*
>
> [...] Il y a coexistence et interprétation d'un nombre indéterminé de mondes de dimensions indéterminées. Chacun de ces mondes est la projection d'un état de conscience particulier. L'ensemble de ces états de conscience constitue la *conscience universelle.*

* Éd. R. Laffont, 1975.

La mort des fausses évidences est une mort psychologique, annonciatrice de résurrection. Chaque fausse évidence ouvre une fenêtre sur l'espace intérieur où meurt le mesurable.

On est surpris de voir que les pensées sont des êtres vivants. Nous les engendrons sans arrêt, et sans nous rendre compte de ce que nous faisons... Elles vivent de leur vie propre, sortant de nous et s'en vont partout où sont leurs semblables. Elles s'unissent à elles, s'agglomèrent, acquièrent un mouvement incontrôlable, font le tour du monde, entrent en conflit avec d'autres pensées, leur tumulte retombe sur nous, nous prive de notre liberté, et entraîne notre monde dans la voie irréversible qui n'est que la résultante des forces en jeu.

Prendre parti pour ou contre cette résultante, être une des voix “ engagées ”, ne peut qu'intensifier le chaos, car chaque pensée engendrée engendre à son tour son contraire : c'est ainsi que se dégrade cette énergie. Dénoncer ces fantasmes vivants, c'est les crever, les dégonfler. Une seule méthode : démasquer leurs fausses évidences, et, à cet effet, aller jusqu'au bout de chaque pensée.

C'est plus difficile qu'on ne le pense, car nos psychismes sont faits de mots. Ces mots s'assemblent dans notre monde affectif, et l'entretiennent du fait même qu'ils ne sont pas aboutis.

Un seul exemple : “ Aimer Dieu ”. Deux mots mis bout à bout, qui agissent par toutes les significations que leur donnent des raisons inconscientes de leur donner une signification. Il faut une grande foi pour accepter de perdre une croyance à laquelle on tient plus qu'à la perte de sa vie. Il faut une grande perspicacité pour risquer la damnation avant de savoir qu'elle n'existe pas.

Chercher à se débarrasser du moi c'est penser au moi dont on veut se débarrasser : une réédition amplifiée de l'ancienne plaisanterie qui donne une recette pour fabriquer de l'or, à condition de ne pas penser à l'éléphant blanc : se dire qu'on ne doit pas penser à lui est le meilleur moyen de ne penser qu'à lui. Le salut personnel donne une grande paix à l'âme : celle de l'anesthésie.

Les concepts des philosophes échappent à cette critique en menant leur vie transcendantale dans leur langage abstrait, inaccessible à tout ce qui n'est pas lui. Les philosophes sont-ils à l'abri des foules, hors des grandes douleurs ? Seraient-ils plutôt des veilleurs de nuit échangeant entre eux des secrets sur tout ce qui plane au-dessus des cités endormies ? Leurs mots, je dois en toute franchise déclarer que je ne les comprends pas. Car depuis avant-hier, lorsque, à Capharnaüm, j'ai été transpercé par l'appel de l'Intemporel, jusqu'à ce jour, je ne sais ce que penser veut dire et ne connais que des constatations. Je présume qu'en la conjoncture actuelle, les philosophes, comme nous tous, doivent mourir à leur propre langage.

Je pense qu'en nos espaces intérieurs qui s'ouvriront ainsi, nous pourrons communier pardelà le temps linéaire qu'il faut aux mots, pour dire la seule chose qu'ils puissent exprimer : le monde du mesurable. Cette mort du mesurable dans l'espace intérieur est une expérience personnelle. Tout ce qu'on vous en dira l'empêchera de se produire. N'écoutez les professionnels d'aucune religion. »

Ces réflexions très pertinentes ancraient plus profondément en moi la certitude que nous vivons dans des rêves emboîtés. Lorsque nous nous réveillons le matin, nous sommes dans un *autre* rêve, certes plus cohérent, faisant suite à celui de la veille, mais néanmoins un rêve.

Le rêve de la nuit est personnel. Je suis moi-même le scénariste-metteur-en-scène-acteur de tous les rôles. Alors que le rêve diurne mi-collectif, mi-personnel, n'est mien que par « mes réactions » et les suites qui en découlent.

Il m'arrive souvent, la nuit, lorsque je rêve, de prendre conscience que je rêve, sans me réveiller, c'est-à-dire sans qu'il se termine. Mais je peux « l'infléchir », lui donner une autre orientation, ainsi je peux toujours éviter le cauchemar... Pourquoi une loi similaire, je ne dis pas identique, ne jouerait-elle pas dans le cours du rêve diurne que représente l'ensemble de la journée, lors d'un « Rappel de Soi » ? Combien d'entre nous ne bénéficient-ils pas *déjà* de ces « transformations » de situations psychologiques, après une véritable prise de conscience ? Elle fait jaillir la lumière du « discernement » qui nous aide à vivre plus profondément notre existence quotidienne.

Le seul élément positif, mais il est de taille, gagné par mes expériences de sortie hors du corps est celui-ci : TOUT ce qui est vu, entendu, senti, touché, goûté est une impression-projection MENTALE. Et, en dehors de « moi-je, inlassable fabricant d'images, auteur de scénarios », joué par « moi-je interprète », pour son « moi-je spectateur », RIEN de ce qui existe n'a de réalité INTRINSÈQUE.

Notre prodigieuse fonction mentale, dotée de ses coordonnées sensorielles, construit notre monde « humain » spatio-temporel... TOUT pourrait toujours être « autre » : les temps emboîtés, les rêves emboîtés, etc.

Un frémissement inhabituel monte de mon cœur à mes lèvres... et je m'entends prononcer distinctement ces paroles de Tchouang-Tseu : « Ce n'est que lors du grand réveil qu'on sait que tout n'a été qu'un grand rêve. »

Quelques sublimes intercesseurs
sur le chemin de la longue patience

Habitué à voir comme identiques la vie présente et la vie à venir, j'ai oublié la peur de naître et de mourir.

MILAREPA *(Tibet's Great, Milarepa)*

Depuis quarante-cinq années, Georges Ivanovitch Gurdjieff a quitté ce monde. L'homme s'est effacé, son œuvre demeure sous la forme de deux livres, *Rencontres avec des hommes remarquables,* et cette somme que constitue *Récits de Belzébuth à son petit-fils,* auxquels s'ajoutent plusieurs recueils de textes et de conférences réunis et publiés par ses élèves ultérieurement.

Il demeure également dans le cœur et l'esprit des personnes qu'il a formées et aussi dans l'intériorité profonde de ceux qui, comme moi, se sont sentis interpellés viscéralement par son enseignement qui les nourrissait dans la mesure où ils acceptaient de se dépouiller de beaucoup d'« alibis », tels que

« devoir faire, devoir paraître, devoir donner l'exemple, avoir des opinions solides », etc., toutes ces sottises qui renforcent un ego déjà infatué de sa propre suffisance.

Les malentendus volontaires et involontaires qu'il suscita, les écrits et les propos souvent injurieux que soulevèrent ses prises de position insolites devant le quotidien de l'existence, tout cela n'est plus que cendres aujourd'hui. De ces cendres renaît et s'impose un visage nouveau, celui d'un « homme de connaissance », en donnant à ce terme une dimension à l'échelle de la planète.

Au vieil adage, « c'est du choc des idées que naît la lumière », on peut ajouter cet autre : « Hier un Sage a parlé, le temps et la Vérité feront le reste. » N'oublions jamais que « si l'esprit vivifie, la lettre tue ».

J'ai rencontré l'Enseignement, c'est ainsi que le nommait Gurdjieff, sous la forme d'un livre combien fidèle de P.D. Ouspensky, *Fragments d'un Enseignement inconnu.* Il fut un phare qui éclaira ma quête de la vérité commencée vingt-trois ans plus tôt, sous l'égide inoubliable de mon premier maître, Madame T. Cela m'a permis d'entrer de plain-pied dans le travail d'observation de mes réactions automatiques, c'est-à-dire sans les analyser, les comparer, les juger, mais dans un état de lucidité totalement neutre.

Je pense qu'il est indispensable d'informer le lecteur sur le niveau intérieur de « l'existant », au moment où se produit le contact avec un enseignement, quel qu'il soit, car ce niveau détermine la force de l'impact reçu.

Durant quarante-cinq années marquées par un parcours sillonné d'obstacles, de chutes, d'échecs engendrant de douloureuses remises en question, mais sans jamais renier ma quête, ni la suspendre, je pense avoir assimilé, c'est-à-dire intégré jusque dans mes cellules, ce qu'il me fut possible de retenir de cet enseignement. J'ai d'ailleurs appartenu à un groupe de travail, sous la direction d'un élève direct de G.I. Gurdjieff, le docteur M.C., durant onze ans de relations suivies, dont sept ans de travail actif et soutenu. Je ne l'ai jamais interrompu depuis.

Aujourd'hui, alors que va sonner mon quatre-vingt-quatrième anniversaire, je ne suis nullement devenue un parangon de sagesse, ni d'autorité. Je me sens plutôt apparentée à la nullité du ver de terre contemplant une étoile. Mais je connais cette révélation extraordinaire : « l'Éveil qui ouvre sur des évidences ». Les analyses, déductions, conclusions n'ont plus cours à ce niveau. Alors, adieu mes chères opinions, mes projets plus ou moins fumeux, toutes ces futilités qui s'érigèrent en morale vertueuse et rassurante, ne faisant dans le meilleur des cas qu'actualiser un amour-propre encombrant au service d'une vanité puérile.

Merci, M. Gurdjieff, pour ce lessivage intérieur de mes ténèbres emplies de suffisance.

Première leçon : l'homme n'est pas terminé. La nature a développé un ensemble d'automatismes qui lui permettent de survivre. Il n'est qu'une machine supérieure à celle qui caractérise l'animal certes, mais une machine tout de même, travaillant sous la pression des influences extérieures. L'important est de se demander si sa propre machine est susceptible de développement aboutissant à une AUTONOMIE CONSCIENTE. Aucune réponse positive n'est garantie.

Deuxième leçon : la nécessité de s'observer soi-même à travers toutes ses activités physiques et psychologiques, et cela sans juger, ni conclure. C'est seulement à ce prix que nous pourrons réaliser la preuve de notre manque d'unité intérieure, et l'indicible confusion entre le réel et l'imaginaire dans laquelle s'effectue notre existence.

Troisième leçon : l'homme ne se souvient jamais de lui-même, l'oubli est sa nature habituelle. Il vit dans un état de sommeil éveillé, une sorte d'état de conscience crépusculaire. Il doit faire l'effort de « s'éveiller », d'être présent à lui-même. C'est un long et patient travail qui doit s'amorcer en lui et se poursuivre durant longtemps avant qu'une transformation de son comportement ne se dessine. Cela ne concerne ni les paresseux ni ceux qui sont contents d'eux-mêmes.

Quatrième leçon : prendre conscience que l'homme est deux en un, son essence et sa personnalité. La première est ce qui est réel en lui. La seconde est temporaire, arbitraire, elle est ce qui pourrait toujours être « autre » et qu'il peut perdre à chaque instant. La première est passive, la seconde est active... Le « travail sur soi » inverse cet ordre.

Cinquième leçon : l'homme est constamment identifié à tout ce qui se présente en lui et hors de lui, à toutes ses perceptions. À tout ce qu'il voit, ce qu'il entend, ce qu'il pense, ce qu'il sent... Il lui faut combattre l'identification sous toutes ses formes. L'homme éveillé EST le TÉMOIN dans son corps, de son corps et de son environnement.

Sixième leçon : l'homme ne recevra que dans la mesure où il sent un manque, un besoin. Dans la mesure où il aura FAIM, et SOIF de « quelque chose » qu'il ne connaît pas, mais sans lequel sa vie est vide de toute réalité. Et pour acquérir CELA, il lui faudra payer le prix en effort constamment renouvelé « d'observation attentive et volontaire » de tous ses processus intérieurs automatiques.

Septième leçon : ayant « Vu, Senti, Eprouvé » avec tout lui-même, le mensonge de l'illusoire « image mentale » qu'il se faisait de lui, alors, SEULEMENT, au sein de cet effroyable gâchis, pourra-t-il surgir une impulsion directe de l'ÊTRE, l'ouvrant à une révélation fulgurante : le RAPPEL DE SOI.

... De la lave en fusion, d'une pâte d'étoile, la Vie est née. Puis, peu à peu, elle s'est élevée à écrire des poésies, des cantates... à peser des nébuleuses.

SAINT-EXUPÉRY

Je me garderai de faire une exégèse de cet Enseignement. Cela a été réalisé avec plus ou moins de bonheur et d'honnêteté intellectuelle, suivant le regard porté sur cette « mine » d'une richesse inestimable. L'étude et la pratique persévérantes qu'il requiert représentent analogiquement pour moi le forage d'un puits de pétrole dans la mer. D'abord l'établissement d'une plate-forme solidement amarrée, à partir de laquelle on fore de plus en plus profondément, s'apparente tout à fait au décapage, combien pénible, de la personnalité fluctuante, sur laquelle on ne peut rien construire.

Se sentir environné par une mer hostile le plus souvent, subir les grandes marées des équinoxes, les tempêtes, la houle puissante et profiter des accalmies de surface pour travailler en profondeur. Surtout ne pas succomber au découragement, ne jamais s'enfermer dans un effort de « routine ». Enfin extraire la substance précieuse, « l'Energie-Vie-Conscience » indispensable, après qu'un raffinage complexe et méticuleux l'a décantée de ses impuretés.

Voilà le fabuleux cadeau que G.I. Gurdjieff offrit à notre monde contemporain, révélant à chacun le trésor enfoui en lui-même, et la tâche qui lui échoit d'être son propre prospecteur. Certes, cela ne se fera pas gratuitement. Rien de valable ne s'obtient sans effort. Ce sera l'Aventure de l'Homme du XXIe siècle. Malraux l'a souligné de nombreuses fois : « Le XXe siècle est celui de la matière étudiée sous ses formes multiples, le XXIe sera celui de l'Esprit. »

On peut découvrir aujourd'hui une extraordinaire accélération dans la recherche de la spiritualité, avec tout ce que cela comporte « d'ivraie et de bon grain » dans les résultats. N'importe, l'orientation est donnée, G.I. Gurdjieff n'a-t-il pas écrit : « Tant qu'il n'y aura pas de noyau responsable l'action des idées ne dépassera pas un certain seuil. » Cet axiome exprime une vérité que les événements actualisent chaque jour.

A notre époque, toutes les grandes aventures extérieures, vécues en solitaire, ont été accomplies et renouvelées ; que ce soient les courses sur les océans, les escalades himalayennes ou celles des Andes, les séjours dans les gouffres et les descentes dans les cratères des volcans. Elles demandèrent en outre un matériel coûteux et sophistiqué, beaucoup d'entraînement physique, des sacrifices dans la vie quotidienne, du courage, et leur succès, presque toujours, fut le fruit d'un certain dépassement de l'homme. Il ne s'agit pas ici des entreprises scientifiques concernant toutes les études contemporaines sur l'homme, la planète, le cosmos, et qui sont le fruit d'équipes appartenant à une pluralité de disciplines.

Jusqu'à présent, l'aventure intérieure appartenait au domaine religieux. Elle demeurait l'apanage des ordres contemplatifs en Occident, ou exigeait, tout au moins, le retrait dans une communauté, sans participation à la vie publique. Aujourd'hui, elle est possible pour tous ceux qui en éprouvent la nécessité, tout en continuant de remplir les obligations imposées par leur existence au sein de la société. L'Orient a des millénaires d'avance sur nous dans toutes les techniques et pratiques de « travail intérieur ».

L'enseignement de G.I. Gurdjieff m'a beaucoup apporté, au moment même de mon existence où j'en avais besoin, alors que depuis plus de trente ans j'avais commencé ma recherche. Lorsqu'un enseignement conduit à plus de chaleur humaine, plus de liberté intérieure, plus de lumière, lorsqu'il m'ouvre à la compréhension des autres, et me rend plus responsable envers les autres et envers la vie, alors je peux lui faire confiance. De plus, il ne me demande aucune adhésion intellectuelle à un dogme, à une croyance ou à une confession particulière.

Il amorça en moi une transformation fondamentale de mon comportement, en me faisant découvrir cette « aire sacrée de l'homme » : ma dimension intérieure où j'éprouve des certitudes viscérales. Nous connaissons objectivement notre forme physique et nous nions la réalité d'une « structure psychique et d'une structure mentale », pouvant exister en dehors d'elle. Il est certain que ces formes de matérialité très subtiles se meuvent dans des « contenants-supports énergétiques » que les scientifiques désignent sous d'autres appellations : ondes, particules, champs, etc. Je garde de mon travail et de mes expériences la certitude de l'indestructibilité d'un « grain d'Être » essentiel présent en l'homme. Notre destinée extérieurement s'ordonne autour d'événements qui en constituent la trame, alors que la chaîne est dessinée par l'ensemble de nos réactions subjectives automatiques.

La complexité de notre organisme physique, psychique et mental, permet une utilisation de ses facultés dans des domaines beaucoup plus vastes que celui qui nous est familier. C'est en cela que l'Enseignement était génial : cesser d'exister unilatéralement revient à penser et sentir ses gestes simultanément ; ressentir et penser ses émotions ; sentir et ressentir ses pensées ; être tout entier dans ses actions, dans ses paroles, être présent à soi-même et aux autres SIMULTANÉMENT ! Quel programme ! Il s'agissait, en vérité, d'une profonde reconstruction de soi-même sur une base et dans une orientation totalement nouvelles. La possibilité d'un ORDRE nouveau, dans la hiérarchie déterminant mon comportement....

J'étais loin à cette époque (entre 1949 et 1960) de penser que les informations apportées par G.I. Gurdjieff sous une forme mythique dans *Récits de Belzébuth à son petit-fils,* et dans le livre d'Ouspensky, *Fragments d'un Enseignement inconnu,* sur le cheminement d'un principe de Conscience dans l'Univers, avec une précision mathématique, trouveraient plus qu'un écho dans les travaux scientifiques contemporains d'Henry Stapp, d'Ilya Prigogine, d'Abdus Salam, David Bohm, Sheldrake, Karl Pribram, Lupasco, Capra, etc. La rédaction des livres de Gurdjieff fut le fruit d'un travail de recherches qu'il mena dans divers pays d'Orient et du Moyen-Orient de 1896 à 1914 environ. A cette époque et même vingt ans plus tard, leur contenu était totalement irrecevable par la pensée scientifique.

Nous assistons depuis la dernière guerre mondiale à l'éclosion dans les esprits de questions fondamentales sur l'homme et son devenir, une sorte de révolution à l'origine de la pensée conceptuelle. Mais c'est ici que se pose la véritable interrogation : QUI questionne ? QUI peut répondre ?

Une fois encore s'impose la loi de la simplicité croissante de l'ascension spirituelle, qui réduit la complexité de nos opérations mentales spéculatives : lorsque les processus intellectuels lâchent prise, apparaît, immense, englobant tout, la « Prise de Conscience d'ÊTRE » dans l'instantanéité. Cette graine d'immortalité contient TOUT. Elle doit être

« vécue » dans les « rappels de soi ». Ils appartiennent au « vécu », et ce que nous appelons le vécu est la « spatialité » de cette nouvelle dimension.

Sans le patient travail intérieur qui fut le mien durant toutes ces années, je ne pourrais écrire ces lignes. Naturellement, elles n'engagent que moi, et d'autres ayant effectué un travail similaire peuvent découvrir d'autres « réalités irrationnelles ».

Qu'arriverait-il si un petit noyau d'hommes vivaient chaque jour des instants de communion à la Source de l'ÊTRE en eux ? La lumière de la VIE vibrant à l'émergence de l'existence matérielle, ne serait-ce que la durée d'un éclair, transformerait le tissu de notre vieux monde en un espace de liberté et d'AMOUR...

G.I. Gurdjieff a tracé dans l'Enseignement le schéma d'une échelle de la Conscience incluant l'alpha et l'oméga de son actualisation dans l'Univers. Il nous revient par notre effort personnel de découvrir notre place, celle de notre « respiration d'homme » dans la grande respiration cosmique. Le dynamisme créateur du « Souffle de Vie » à travers les espaces-temps différents de chaque dimension de la CONSCIENCE.

G.I. Gurdjieff demeure pour moi un guide sublime auquel je dois l'essentiel de ma recherche, c'est-à-dire mon « vécu » dans le silence intérieur, là où « se geste » l'Essence de l'ÊTRE. Madame T. m'avait préparée à recevoir son Enseignement. Vivre mon « manque », c'est attirer la PRÉSENCE, c'est éveiller le 7e Sens qui me fait éprouver et non seulement comprendre intellectuellement. Je m'en suis longuement expliquée dans mon livre, *Le 7e Sens ou le Corps spirituel*, dont celui-ci est la suite logique.

Mon aspiration intérieure durant des décennies fit croître mon énergie quantitativement dans ses modalités vitales, nerveuses et mentales ; alors que le « rappel de Soi », devenu une nécessité de mon comportement, me révéla l'abîme vertical me séparant de l'énergie spirituelle qui s'insuffle directement et anime par son feu créateur.

Mais, comme le dit si bien Lilian Silburn dans *Kundalini*, « aucune recette ne peut faire obtenir une verticalité qui est le signe et le fruit d'une vie intérieure intense. Il n'y a pas de pratique pour cette ascension sans une vie mystique réelle ». Nous sommes à une époque où s'amorcent des changements profonds, des transformations essentielles de nos comportements. Le temps de nos existences nous est compté. Dans le Rappel de Soi, il y a Présence instantanée de la VIE à elle-même. Elle emplit tout, elle est l'ORIGINE. En réalité, elle est la dimension de l'ÊTRE en soi-même.

Merci M. Gurdjieff de nous le rappeler avec une FORCE doublée d'un humour que le cours du temps ne peut qu'intensifier.

Lorsque j'évoque G.I. Gurdjieff, j'aime me souvenir d'un très beau texte, « L'échelle », écrit par un de ses élèves, Luc Dietrich, blessé grièvement à Saint-Lô le 10 juin 1944 et décédé le 12 juillet.

L'ÉCHELLE *

« Debout sur la terre, l'échelle comme un cri a jeté son espoir, comptant les pas déjà fixés qui mènent à la plage du ciel. Il se trouve déjà au pied de cette échelle celui que son propre contentement ne contente plus, qui n'a plus faim de nourrir sa faim, ni soif d'assouvir sa soif depuis que fade lui paraît la saveur qu'on ne trouve qu'à soi-même. Le troisième échelon lui coûte la souffrance du grain qui se meurt, du grain qui se tra-

* *L'Injuste Grandeur,* Luc Dietrich, Éd. Denoël, 1951.

vaille à mourir. Au cinquième échelon, il connaît la douleur que souffre le bourgeon quand il crève au printemps. Le septième échelon lui enseigne l'espoir de la fleur qui traverse les murailles de gel, les barrières de pluie, la fosse de la nuit et s'aventure aux limites de la lumière. Au neuvième échelon, il éprouve la lourdeur du fruit, du ventre et du front qui conçoivent. Au dixième, il a vaincu ses ennemis et jeté leurs cadavres dans le froid des hauteurs. Il monte cerné de solitude totale dans le ciel pétrifié. Au douzième échelon, il croit bien soulever la montagne et ses rocs car il approche. Au sommet de l'échelle, il est uni et refermé comme un globe, accompli et ouvert comme le ciel : il est. »

[...] La mort n'est pour l'homme qu'un sommeil cérébral et physiologique et, en général, pour toute la Nature, elle n'est qu'un sommeil des éléments périssables. La durée de ce sommeil n'existe que pour ceux qui, éveillés cérébralement, l'observent. C'est donc ici-bas, dans ta forme actuelle et par extension de ta conscience, que tu peux préparer ce qui se fera à la suite de ta mort actuelle.

R.A. SCHWALLER DE LUBICZ

À Todtmoos-Rütte *, dans un entretien avec le professeur Graf Dürckheim, nous avions longuement évoqué l'instant de la mort. Il était très intéressé par mes expériences de dédoublement volontaire, interrompues depuis longtemps d'ailleurs. Il m'avoua qu'il m'enviait d'avoir pu les réaliser, lui-même n'ayant pu y parvenir.

Professeur Dürckheim — Le « monde » entier que nous observons, et nous-mêmes en son sein, peu-

* Entretiens parus dans *Nouvelles Clés*, n° 5, printemps 1995.

vent être perçus comme une tentative de l'infini pour apparaître dans le fini. Chaque chose, chaque fleur, chaque arbre, chaque animal, chaque être humain, tel qu'il est et VIT, déborde de la force de LA VIE qui tend sans cesse à éclore en lui, et à y apparaître en une forme particulière. Nous sommes appelés à témoigner nous-mêmes, par elle et en elle de ce « tout autre » qui, d'abord voilé, est destiné à être manifesté. Pour celui qui est éveillé à la Voie, un savoir brûlant anime de sa pulsation ses jours et ses nuits dans une expérience qui est une promesse et une mission.

Jeanne Guesné — Je pense que la Connaissance qui découle de l'expérience du contact direct avec l'Être en Soi marque une étape, ou un seuil à franchir ?

Pr. Dürckheim — Pour celui qui échappe un moment à l'agitation de la vie quotidienne, et qui au contact de la nature au bord d'une rivière, dans une forêt, au bord de l'océan, se libère de ses tensions, il est certain qu'il peut goûter l'expérience merveilleuse de se sentir intégré dans la plénitude d'une force qui sourd de sa profondeur et le régénère.

Dans cette première prise de contact avec la transcendance, la Conscience de l'Être lui apparaît plus nettement qu'à travers les valeurs morales et les diverses croyances religieuses. Même dans l'érotisme et la sexualité, il existe quelque chose de transcendantal qui fait éclater le carcan de la « conscience définissante et objectivante » du « moi », et lui permet de dépasser les limites sclérosées de ce moi hypertrophié.

Les éléments fondamentaux de l'exercice requis sont de trois modalités : attitude — respiration — tension. Le corps, comme moyen d'expression, nous parle à travers l'« attitude », déterminée par le centre de gravité : le Hara. À travers la respiration, on commence à prendre lentement conscience du corps « intérieur » qui s'ouvre et qui se ferme au rythme du grand va-et-vient du souffle de la Vie. Et par une « tension » juste, résultant d'une attitude juste et d'une respiration juste, nous apprenons à nous « lâcher dans les épaules », et non à tomber les épaules.

Nous apprenons ainsi à lâcher prise, c'est-à-dire à nous libérer de l'emprise de notre « moi ».

J. Guesné — Monsieur le Professeur, parlez-nous de ce lâcher-prise qui suscite tant d'engouement chez les Occidentaux. Lâcher-prise de quoi ? Par qui ? Est-il seulement physique ?

Pr. Dürckheim — C'est essentiellement un mouvement par lequel l'homme se dégage du nœud coulant dans lequel il s'était pris en s'identifiant à son moi. Lâcher prise, c'est se laisser pénétrer dans la demi-obscurité de notre comportement habituel, par une nouvelle conscience où tout luit de l'intérieur. Voyez-vous, lâcher prise « en haut » dans le commencement de l'expiration et se « poser » dans le bassin, sont deux aspects d'un seul et même mouvement. Souvenez-vous qu'il n'existe aucune maladie physique ou psychique, dont la guérison ne soit liée à la détente naturelle de tout l'abdomen. Être dans le Hara, c'est disposer de l'énergie dont on a besoin.

Mais n'oublions pas que, lorsque nous posons les questions : Quoi ? Où ? Quand ?, cela signifie que nous sommes prisonniers du mode de pensée conforme à notre vision objectivante du monde. Or, si la réalité véritable doit nous atteindre, il nous faut apprendre à élaguer ce qui la déforme. Il existe aussi des exercices par lesquels l'homme croit s'engager sur la voie et qui l'égarent. Ce sont les fameux exercices de respiration, de relaxation, de postures, de méditation. Certes, ils apportent une libération passagère des tensions ou des crampes et produisent un certain calme. Mais, en réalité, ils ne sont qu'un leurre et renforcent l'énergie de l'ego. Ils ne font qu'accroître en lui « le vieil homme » et son appétit de savoir et de pouvoir. Il faut demeurer vigilant. Lorsque le moi est trop introverti ou trop extraverti, aucune force terrestre ne peut libérer l'homme de ses angoisses, de sa tristesse, ni l'aider à retrouver la Foi et la Sécurité dans la vie. Seul le Hara permet le contact permanent avec l'Être.

J. Guesné — Le Maître est-il indispensable au chercheur, et comment le rencontrer ? Aujourd'hui, de plus en plus souvent, ces questions fusent de la jeunesse qui se sent instable et sans racines. Quelles réponses pouvez-vous lui apporter ?

Pr. Dürckheim — La maturation d'un homme est impossible sans un contact avec son centre le plus profond : son Être essentiel. À ce moment, le besoin d'une direction sur la voie intérieure devient donc impérieux. L'homme est arrivé à une impasse, les croyances traditionnelles ne sont plus une aide. Or il faut bien comprendre que le « Maître », qu'il soit une idée, une réalité vivante ou un appel intérieur, signifie toujours la VIE faite Homme.

Ainsi, il n'existe de Maître qu'associé à la Voie et à l'élève. Maître, Voie, Discipline sont une trinité en chemin vers le « Royaume » qui n'est pas de ce monde.

J. Guesné — Vous insistez beaucoup sur la pratique du quotidien comme exercice, notamment sur la pratique du Hara. C'est une notion qui mérite toute notre attention.

Pr. Dürckheim — En effet, la pratique du Hara libère l'homme du dualisme incessant entre son corps et son âme. Hara est le centre vital de l'homme qui recèle sa puissance et son équilibre. Or, l'Occidental surtout doit faire attention à ne pas sombrer dans une spiritualité idéaliste et vide de substance qui ne mène nulle part. Aussi doit-il prendre racine dans son centre originel : son Hara.

Mais, ajoutons aussitôt qu'une description du Hara diffère autant du Hara véritable qu'une explication de l'eau bouillante sur le doigt est différente de l'expérience faite en l'y plongeant.

Depuis longtemps, on connaît en Orient et surtout au Japon l'importance de l'abdomen. N'oublions pas que cette importance est également soulignée dans les images et les sculptures de l'homme à l'époque romane et au début du gothique, même celles du Christ et surtout celles du Christ en majesté. L'exercice sur le chemin de l'intégration qui conduit à la transcendance insiste beaucoup sur cet aspect. Nous le trouvons au Japon dans l'enseignement et la pratique du Hara. Au sens propre du terme, il signifie « ventre ». Lorsque l'homme parvient à s'ancrer dans le « Hara », il le ressent comme un espace où il est relié avec une puissance vitale qui le régénère. À partir de cet enracinement, il peut combattre, créer, aimer...

Rien ne le bouleverse, rien ne menace « son équilibre vivant », il peut agir. Certains hommes le possèdent naturellement, pourrait-on dire, et ils s'imposent à leurs contemporains comme allant de soi. Voyez-vous, j'ai rencontré deux fois le général de Gaulle, il avait le Hara puissant. J'ai ressenti l'intensité de son contact.... de tels hommes marquent leur temps inexorablement.

Le premier don du Hara est une meilleure stabilité et une plus grande « force de réalisation et d'affirmation ». Le deuxième lui confère la « forme vraie », propre à l'homme. Mais ce n'est qu'avec le troisième don, la transparence au « tout autre », qu'on atteint la transcendance.

J. Guesné — Vous signifiez ainsi le contact direct avec l'Être ?

Pr. Dürckheim — Le Hara libère l'homme de toutes les attitudes qu'il a adoptées en fonction de son rôle dans la vie. Alors débarrassé du désir contraignant de vouloir paraître plus que ce qu'il est, sa façon nouvelle d'être là, à partir de son centre, est à elle seule un moyen de communiquer à l'appui des forces profondes.

Faisons l'expérience ensemble. Quittons la bonne position qui est la nôtre en cet instant. (Nous étions l'un et l'autre assis sur des chaises.) Affaissons-nous quelque peu sur nous-mêmes sans présence à soi-même, avachis en quelque sorte. Ressentez-vous cette impression d'être sans *vie* ? inerte ?... et maintenant prenons l'attitude opposée : bomber la poitrine, rentrer le ventre, se sentir un chef... Le petit « moi » a repris toute son arrogance, il exulte.

Vous voyez qu'entre ces deux mauvaises attitudes, il existe une faible marge qui correspond à la « seule » position permettant de sentir une mystérieuse et bienfaisante vibration, si légère qu'on ne sait si elle est en rapport avec la respiration ou avec le pouls. Ce qui d'ailleurs n'a aucune importance. Ce qui est capital, c'est de percevoir cette impression de bonheur qui naît de cette VIE toute vibrante.

J. Guesné — Lorsque j'ai rencontré votre Enseignement, en 1960, avec la traduction en français de *Hara, Centre vital de l'Homme* *, j'ai aussitôt reconnu dans la description que vous donniez du

* Éd. Le Courrier du Livre.

lâcher-prise simultanément avec « l'ancrage » dans le Hara, l'attitude naturelle de mon père, décédé en 1948. Il en était redevable, m'avait-il dit, à un Serbe avec lequel il s'était lié d'amitié aux Dardanelles, lors de la Première Guerre mondiale. Mon premier Maître, si je peux employer ce terme, était une femme qui, sans aucune prétention intellectuelle, possédait le Hara au plus haut point : Madame T. Le simple fait d'évoquer sa mémoire aujourd'hui me fait entrer spontanément dans le Hara, c'est-à-dire me relier à mes racines. Or, ni mon père ni Madame T. ne connaissaient le mot Hara. C'est vous dire combien mon désir de vous rencontrer fut déterminant, vous qui apportiez une explication logique à ce « geste » que je connaissais et que je pratiquais depuis plus de vingt ans déjà.

Étant infirmière au front (mobilisée) durant la Seconde Guerre mondiale, j'assistai de nombreuses fois à la mort d'un blessé. Il s'agissait toujours d'un homme jeune, bien portant, frappé brutalement dans son intégrité vitale. Chaque fois, je ressentis le prélude de la fin de leur existence, par leur « lâcher » du haut des épaules qui les « déshabillait » mentalement, les emplissant d'un calme religieux. Celui qui « partait » était un « autre »... Que pensez-vous de cela ?

Pr. Dürckheim — Je suis très intéressé par votre constatation Il est très important pour un homme de « vivre » sa mort. C'est l'instant crucial où il va pénétrer dans le mystère de la VIE dans l'infini supra-terrestre. Avez-vous remarqué que vous sentiez le « lâcher des épaules » comme un déverrouillage du « moi » qui enserra l'Être ?

J. Guesné — En effet, c'est tout à fait cela. Leur visage se détendait et leur regard semblait éclairé par une étrange lumière. Je leur tenais toujours la main, comme un ultime contact, mais en silence... Que peut-on faire à cet instant, sinon être là comme une prière silencieuse...

Pr. Dürckheim — Vous savez, la mort, c'est le retour à la Vie d'où nous venons. Pendant tout le temps de notre existence, elle ne nous a jamais quittés, mais nous en sommes inconscients. La Vie transcende la mort qui met un terme à l'existence seulement. À la fin de sa vie, comme à sa naissance, l'homme a besoin d'une aide, et celui qui sent ce besoin doit y répondre, qu'il connaisse ou non cet homme. Mais qu'il se souvienne qu'en aucun cas, il ne peut être question de petites marques de pitié, de soi-disant mensonges pieux. Celui qui accompagne le mourant doit se sentir UN avec lui dans l'Être intérieur. C'est sans doute le moment le plus important de sa vie. Ne lui volons pas sa mort. Aidons-le à s'abandonner en pleine confiance au flot d'amour infini qui va l'accueillir.

Vous avez raison, le toucher de la main est très important. A travers ce contact passe le signe d'une appartenance commune, la Présence de l'ÊTRE ESSENTIEL qui nous unit TOUS. Cette présence éprouvée grâce à la « transparence » de l'instant du trépas s'exprime dans ce calme et cette transfiguration du visage et du regard qui précède la mort et que vous perceviez par « l'union de votre essence à l'essence de celui qui partait ». Le rayonnement est le langage de l'être. Il ne se localise pas, ainsi il ne peut être perçu. Sa clarté est une sorte de reflet de l'Infini.

J. Guesné — Vos paroles sont très douces à mon cœur. Elles me font revivre la mort de ma mère que j'assistai depuis le premier signe de son départ. Elle fut toujours très angoissée par l'échéance inexorable et j'avais l'habitude de la rassurer, la repoussant à plus tard... Quand, tout à coup, d'une voix changée, mais ferme, elle me dit : « Je vais mourir », je lui répondis sur le même ton : « Oui, maman, tu vas mourir. » Et je ne fus plus qu'un avec elle... très rapidement, elle ne put plus avaler, sa vie s'affaiblit... elle sombra dans le coma lentement et de plus en plus profondément. Son agonie se prolongea toute la nuit et une partie du jour suivant, marquée par le halètement de sa respiration courte et rythmée.

Devant son visage pâle, de plus en plus tendu, j'obéis à une impulsion profonde, irrésistible et je lui dis : « Maman, si tu es encore là, si tu m'entends, je t'en prie, fais-moi un signe... » Alors ses paupières s'ouvrirent et se fermèrent automatiquement sur des yeux sans regard, où la Conscience n'affleurait plus... Simultanément, ses mains s'abaissèrent et se levèrent dans le même rythme mécanique...

Je ressentis très fort en moi son effort désespéré pour me répondre : « Je suis là ! » Alors je l'embrassai passionnément en lui demandant pardon... de la retenir...

Un peu plus tard, ses traits se détendirent, une ombre légère « vibra » en s'élevant de sa gorge à son visage où ses lèvres ébauchèrent un sourire, l'ombre gagna le front puis s'évanouit comme un nuage transparent au-dessus de la tête... elle avait quitté son corps... Une paix très douce régnait dans la chambre...

Dans un second entretien, je demandai au professeur pourquoi beaucoup de gens ont, à un moment ou à un autre, une expérience spirituelle. Parfois ces expériences se renouvellent de loin en loin, et cependant rien dans leur comportement habituel ne change. Où se trouve alors l'intérêt de ces expériences ?

Pr. Dürckheim — Il nous faut bien comprendre qu'en l'homme deux forces antagonistes sont à l'œuvre : l'une est l'élan de l'Être essentiel qui veut se manifester dans le monde, l'autre est le despotisme du petit « moi » qui s'y oppose. Il a son siège derrière le front et s'oppose à la « présence percevante du corps tout entier ». Se sentir ancré dans le Hara est indispensable pour que la conscience siégeant dans la tête « lâche prise ». Le centre de gravité de l'homme doit impérativement se situer dans l'abdomen, pour que quelque chose change dans son comportement.

Ce n'est que par l'exercice que l'on peut trouver la Voie qui mène au Hara. Le sens de l'exercice au service du chemin intérieur n'est jamais l'acquisition d'informations matérielles servant la vie quotidienne, mais la réalisation d'un niveau d'Être supérieur. Il ne donne pas non plus naissance à l'expérience de l'Être, il prépare seulement à la recevoir. A travers la confusion et l'agressivité de la jeunesse aujourd'hui, à travers le bruit de sa révolte, le soulèvement de l'Être se fait jour. Il veut être reconnu et accepté. Je suis confiant, l'homme redevient attentif à la sagesse de sa propre profondeur.

J. Guesné — Quelle est pour vous la différence fondamentale entre la culture orientale et la civilisation occidentale ?

Pr. Dürckheim — On peut dire que l'Oriental voit la tâche de l'homme dans l'acquisition de sa maturité intérieure, alors que, pour l'Occidental, l'élément essentiel de sa vie est l'organisation d'une œuvre valable dans le monde... L'un est l'expérience intérieure de la transcendance, l'autre l'action objective de la personnalité. La vie humaine est tendue entre une nostalgie de libération et la vocation de former le monde. Ces deux pôles offrent un sujet constant de différends entre les pensées occidentale et orientale. Le danger oriental est un penchant à l'illimité et à la dissolution dans l'unité du Tout. Celui de l'Occidental, par contre, une tendance à se figer en objets et à fragmenter la Vie.

Le chemin initiatique pour l'Oriental aboutit à la dissolution dans le Tout. Pour le chrétien occidental, enfin libéré de la fascination du moi égocentrique, il le rend capable de manifester dans le monde son origine divine.

J. Guesné — Les mots de transcendance et de transparence reviennent très souvent sur vos lèvres. Chaque fois, je les ressens très fortement au plexus, comme des vecteurs d'énergie qui me « rechargent ». Notre entretien n'est-il pas un « exercice » au sens où vous entendez l'expérience qui conduit à la transformation ?

Pr. Dürckheim — Voyez-vous, vous désignez ainsi une sensation qui vous met en contact avec votre « essence ». La transcendance est un lieu d'expérience, un lieu de VIE dans votre profondeur. L'Être aujourd'hui a sa place dans l'expérience humaine. Le temps est venu pour l'homme de s'ouvrir à l'expérience d'une réalité, qui jusqu'à présent appartenait au domaine de la FOI. C'est par elle que nous passons du « savoir » au « comprendre ».

La grande expérience est précédée de toutes petites expériences de l'Être qui sont comme des lumières sur le chemin. Elles nous atteignent dans l'exercice du silence parfois, ou d'une méditation où nous lâchons vraiment notre « moi » existentiel, mais aussi dans beaucoup de situations de la Vie. Une façon nouvelle « d'Être là » se développe, qui n'a pas son centre actif dans le monde du « moi », mais dans l'Être. Et, malheureusement, pendant longtemps, ce qui se révèle dans une prise de Conscience de l'Être est transformé aussitôt en quelque chose d'objectif : image, mot, etc. En voulant s'expliquer, en voulant classer, conceptualiser, l'homme dénature ce qu'il vient de « saisir » et il perd ce qu'il vient de vivre.

Voyez-vous, accepter de ne pas comprendre, se tenir immobile et silencieux sous le rayonnement de l'Être, nous place dans le mouvement de transformation qui nous rend transparent à notre Être. Et si nous sommes vraiment déterminés à nous engager sur la voie de la métamorphose, tous les événements que nous rencontrons sont des « occasions » de pratiquer l'exercice du Hara et du lâcher-prise du « moi ».

L'ombre envahissait lentement le bureau du professeur. La pluie diluvienne qui tombait depuis la veille frappait la vitre de l'étroite fenêtre du chalet donnant sur la forêt...

Ce que les hommes appellent le hasard est seulement leur ignorance des causes : si l'on prétendait, en disant que quelque chose arrive par hasard, vouloir dire qu'il n'y a pas de cause, ce serait là une supposition contradictoire en elle-même.

René GUÉNON, *La Crise du monde moderne*

Nous devrions percevoir par la Présence intérieure reliée à nos facultés sensorielles, et non au niveau de nos sens seulement. Ceci effacerait toute distance entre des « opposés ». C'est en elle que prennent naissance tous nos conflits.

Nous ne devrions plus séparer le monde dans lequel nous « vivons » de celui dans lequel nous pensons. La pensée devrait être nourrie par la compréhension, qui est le résultat du VÉCU... et non par le raisonnement qui est une élaboration intellectuelle. Il nous faut aller du « ressenti » à la pensée, et non l'inverse.

Lorsqu'il n'existe aucun espace, aucun temps

entre la sensation d'exister et la parole, alors la parole est vivante parce qu'elle émane directement de la Source, la CONSCIENCE.

Dans tous les domaines, le rationalisme est roi et, principalement, par le critère d'appréciation basé sur l'efficacité, le rendement... La conséquence immédiate est le refoulement de la sensibilité dans l'inconscient. Or, la sensibilité est un facteur d'harmonie, de stabilité, de paix. Vous savez, le doigt appartient à la main et la main appartient au corps... Le doigt est l'infiniment petit par rapport au corps, s'il le regarde extérieurement. Mais il est lui-même l'infiniment grand par rapport à une cellule de ce doigt. Nous devons donc ressentir tout cela harmonieusement. Le doigt peut avoir une sensation du corps extérieurement, et « simultanément », il peut communiquer avec lui du « dedans ». « Se sentir » UN avec lui.

Ainsi apparaissent deux formes de conscience : celle, habituelle, courante, par laquelle il définit toutes choses, et celle INNÉE, par laquelle il SENT, par laquelle il éprouve, avec laquelle il s'intègre à la VIE qu'il manifeste. La réalité perçue est enfermée dans un concept et se sépare de l'éprouvé, du vécu humain. Telle est, par exemple, la réalité scientifique. Certes, elle n'est pas fausse, mais insuffisante, puisqu'elle exclut la réalité du « vécu humain ». La Grande Vie Universelle et la petite vie individuelle coïncident dans l'instant vécu.

L'ouverture intérieure possède une vertu qui me transforme moi-même et le monde. Par cette attitude « disponible », je me sens liée à chaque être, à chaque chose par le *dedans*, alors même qu'apparemment, une certaine hostilité peut persister extérieurement.

Absolument TOUT, chaque chose, chaque créature, est une possibilité de rencontre et de « reconnaissance » avec la GRANDE VIE UNIVERSELLE.

De plus en plus, j'approfondis ma démarche dans ce qui est devenu pour moi une formule de vie : ne vouloir que ce que je peux réaliser, mais le vouloir totalement. Ainsi, je sens que je suis au service de la Vie et non l'inverse. J'en manifeste une infime facette. Je ne suis que cela et c'est extraordinaire. En fait, il n'y a jamais eu de moi personnel, ce fut une illusion qui a pris naissance à l'éveil de mes facultés mentales et qui s'est renforcée par imitation de mon environnement familial. Le langage l'a consolidée et institutionnalisée...

L'identification à l'illusion du moi personnel est un mouvement centripète qui se referme sur lui-même, et la pensée le renforce d'instant en instant. C'est la pensée qui regarde, qui écoute, qui sent, etc. et je suis coupée de la source de la VIE. La pensée doit surgir du RIEN, c'est-à-dire du silence intérieur. Ainsi elle se terminera d'elle-même, parce qu'elle est très claire, parce qu'elle est CONSCIENTE. La Vie fait son apprentissage dans les créatures, elle apprend à s'éveiller à travers les humains. Elle EST l'intensité et l'urgence de l'ATTENTION. Le voir et ne plus seulement le savoir. Voir la Vie à travers chaque humain, à travers chaque événement... Il n'y a qu'ELLE... C'est elle qui me fait écrire, et l'écrit devient son miroir...

alors, la mort ? la mort de qui ? de Jeanne ? mais Jeanne n'a jamais eu de vie propre. La Vie animait un personnage psychosomatique qui se nommait Jeanne... alors ?... mourir à « ma » vie pour naître à LA VIE, c'est cela vaincre la mort, c'est cela le Grand Passage !

J'aimerais citer ce passage de R.A. Schwaller de Lubicz dans son livre *AOR* *.

> « Pour que la science devienne féconde vitalement, pour sortir du domaine matériel (sans valeur vitale) de la mécanique, il faut faire appel à la Conscience et non plus seulement au raisonnement cérébral. Jusqu'à présent, on a sacrifié à la vérité " intersubjective " du groupe, c'est-à-dire que l'on reconnaît comme vrai uniquement ce qui est perçu par la généralité des hommes. Ce que l'individu isolé est seul à percevoir, grâce à un état de conscience supérieur, ou même grâce à une sensibilité sensorielle exceptionnelle, est relégué, sinon rejeté, en tant que connaissance subjective non partagée. Or, la Conscience ÉVOLUE, la Conscience est même la seule à évoluer ; c'est donc à la culture de cette évolution qu'il faut s'adresser pour briser le cercle " fermé " de la conscience psychologique.
>
> Il y a les Fonctions qui se sont concrétisées, coagulées, en corps humain et c'est la Conscience divine qui s'est humanisée. Par étapes, elle veut ensuite se défaire de la lourdeur corporelle et

* Éd. du Rocher, 1961.

d'abord du corps physique ; mais elle doit continuer sa libération, donc rien ne doit la retenir ou la rattacher en arrière : ni haine, ni esprit de vengeance, ni avarice, ni regret.

Mais quel est donc cet " aimant " qui permet à la Conscience divine de descendre en corps physique, et quel est ce crochet qui la retient ?

C'est le " sel de la terre " dont parlent les Évangiles. La Force concrétisante qui, dès l'origine, fait l'Être et qui subsiste à travers toutes les formes de la concrétisation jusqu'à la forme physique. Ici-bas, il est le sel des cendres ; il fixe la conscience fonctionnelle, à l'image du germe, qui n'est que la huit centième partie du grain de blé, et sera épi de blé et tout le blé de la terre... mais seulement blé.

Ceci est le " crochet " et le " ferment ", l'attache qui doit se subtiliser pour permettre la Vie dans une forme libérée du corps terrestre. Et ce ferment, nous le faisons et façonnons par notre aspiration effective ; c'est lui, l'Être, que nous devons préparer, car il sera conforme à ce qu'il doit fixer.

À chacun de choisir : revenir sur terre ? ou souffrir d'un appel insatisfait et flotter dans la douleur de l'indécision, ne pouvant plus descendre et ne sachant pas monter ? ou passer vers la libération ?

On se refuse à comprendre cette inexorable réalité, parce qu'on voit le cadavre sans vie. On oublie qu'on regarde ce cadavre avec des sens et une intelligence qui ne sont plus de lui, mais de nous qui ne sommes “ pas encore ” cadavre physique. Or, durant toute sa vie physique, l’homme obéit à des impulsions irraisonnées, qui le conduisent sur des chemins ou vers des actes décisifs pour son existence. Il le constate plus tard mais n’accepte pas l’enseignement du fait : la Conscience “ innée en l’homme ” le conduit vers sa destinée en dehors de tout contrôle de la conscience psychologique. »

Et plus loin :

« [....] L’Homme n’est pas créateur. Il a un pouvoir : celui de nier ; c’est le grand don qui lui est accordé par sa “ chute ”, don de sauvetage, mais cet homme ne peut pas créer : il ne peut que procréer. Il a droit au choix, en usant de son pouvoir pour ou contre lui-même. Son sauvetage consiste à savoir s’en servir CONTRE lui-même, contre son illusion, contre son “ moi ”, ce “ moi ” qui sépare et isole l’individu d’avec le TOUT. »

Ce n'est pas ce qu'on regarde qui est important,
mais le lieu en soi-même d'où on regarde.

Gustave MEYRINK

À tous ceux qui m'écrivent pour me demander conseil, à tous ceux qui me suivent avec persévérance, même si je ne les connais pas physiquement, l'aînée que je suis lègue sa moisson d'Instants VÉCUS, reçue comme une offrande du Ciel.

Au crépuscule de mon existence qui annonce l'orée de mon départ, si je devais prononcer un seul mot : ce serait MERCI !... Merci pour les joies, les bonheurs très humains, mais aussi merci pour les épreuves, les échecs et peut-être même pour cette souffrance qui m'accable, car ce sont des « occasions » de croissance pour l'Être en nous. Enfants ignorants et pressés, en quête d'une méthode, d'un raccourci, et qui, pour répondre à leur impatience, se lancent dans d'innombrables aventures, conseillées par des revues ou des imprimés dont le profit matériel est évident, vous reviendrez meurtris, plus pauvres encore qu'au départ...

Rien ne s'obtient sans effort soutenu et persévérant. Toujours remettre TOUT ce que l'on sait en question et surtout SE remettre en question soi-même. Voir combien nous sommes « dépendants » de nos habitudes automatiques : nous mouvoir, parler, manger, lire, marcher, entendre, etc., nos « j'aime et je n'aime pas » qui déterminent nos comportements. Il faut réaliser que nous sommes esclaves d'un tyran ignoré : notre propre « moi », notre ego. Ce « moi » n'est pas l'ÊTRE. Combien d'hommes existent et meurent un jour sans l'avoir jamais su... Comme l'écrivait G.I. Gurdjieff :

> « Vous verrez que, dans la vie, vous recevez exactement ce que vous donnez. Votre vie est le miroir de ce que vous êtes, elle est à votre image [...] Votre appréciation de vous-même vous aveugle ! Elle est le plus grand obstacle à une vie nouvelle. Il faut franchir cet obstacle, ce seuil avant d'aller plus loin. C'est le test qui divise les hommes en deux sortes : “ l'ivraie et le bon grain ” [...] Vous verrez que ce n'est pas facile. Et il faut payer cher. Pour les mauvais payeurs, les paresseux, les parasites, il n'y a pas d'espoir. Il faut payer de soi-même par des efforts sincères, désintéressés. Plus vous serez prêts à payer sans vous ménager, sans tricher, sans aucune falsification, plus vous recevrez. Et dès lors vous ferez connaissance avec votre nature. Et vous verrez

toutes les ruses, toutes les malhonnêtetés auxquelles elle recourt pour ne pas payer comptant. Parce qu'il faut payer avec vos théories gratuites, avec vos convictions enracinées, avec vos conventions, vos préjugés, vos “ ça me plaît ” et “ ça ne me plaît pas ”. Sans marchander, honnêtement, sans faire semblant. [...] Essayez d'accepter l'idée que vous n'êtes pas ce que vous croyez être, que vous vous estimez trop, donc que vous vous mentez à vous-même. Que vous vous mentez toujours. Observez sans parti pris, en acceptant pour un temps cette idée du mensonge. Si vous observez de cette manière, en payant de vous-même sans vous apitoyer, en donnant toutes vos “ prétendues ” richesses pour un moment de réalité, peut-être verrez-vous que vous êtes autre que ce que vous croyez être. Vous verrez que vous êtes deux. Celui qui n'est pas, mais qui prend la place et le rôle de l'autre. Et celui qui est, mais si faible, si inconsistant, qu'à peine apparu, il disparaît immédiatement. Il ne supporte pas le mensonge. Le mensonge le fait défaillir. Il ne lutte pas, il ne résiste pas. Il est vaincu d'avance. Apprenez à regarder jusqu'à ce que vous ayez vu vos deux natures, jusqu'à ce que vous ayez vu le mensonge, l'imposture en vous. Lorsque vous aurez vu vos deux natures, ce jour-là, en vous, la Vérité sera née. » (Extrait des *Entretiens de Gurdjieff avec ses élèves* *)

* Éd. du Rocher.

Il y a quelques années, je fus invitée à participer comme « candide » à un séminaire organisé par le Centre de Biophysique dirigé par J.-P. Garel à Clermont-Ferrand et qui rassemblait des physiciens, des biologistes, des médecins, des psychologues, etc., sur le thème : « Le cerveau gauche : Science et Société en sont-elles victimes ? »

À cette époque, j'avais déjà éveillé en moi le 7e Sens, le sens du « vécu » par rapport à « l'exister ». C'est le sens de l'ÊTRE en l'homme. À l'exister correspond le savoir. À l'être correspond la CONNAISSANCE, en amont de la formulation verbale. Existe-t-il une corrélation avec les deux hémisphères du cerveau ? En écoutant ces scientifiques durant deux jours, en regardant leurs schémas sur les tableaux, il me semblait qu'à l'instar de Monsieur Jourdain qui faisait de la prose sans le savoir, lorsque se déclenchait en moi un « rappel de SOI » suffisamment intense, cela suscitait la mise en activité simultanée de mes deux hémisphères cérébraux... sinon, comment expliquer ce qui m'arrivait : dans mon état habituel de conscience, les textes des communications exprimées par les participants dans un langage très technique me demeuraient pour le moins hermétiques et difficiles à suivre. Alors que, dans l'état d'hyper-attention du « rappel », tout devenait clair et « simple » à comprendre. Il ne s'agit pas d'une analyse intellectuelle. Analogiquement, dans le premier cas, je me trouve à la fenêtre du rez-de-chaussée de mon appartement et je vois de nombreuses personnes passer très rapidement, se rendant dans la même direction. Dans le second cas, je suis sur la terrasse du dixième étage et je vois une foule de gens convergeant de toutes les artères vers un point de rassemblement qui est le lieu d'une fête publique.

Devant tous ces scientifiques, j'étais comme un charançon dans sa farine, mais dans l'état de rappel, lisant le texte de J.-P. Garel sur la structure moléculaire de l'eau, sans aucun raisonnement ni déduction, j'ai « SU » qu'il y avait là une grande richesse et j'ai bu un verre d'eau, lentement, présente à moi-même. J'ai « SU » que je ne buvais pas seulement H^2O, mais également les énergies supérieures qu'elle contenait et que la science n'a pas encore décodées. H^2O est la particule, en même temps, j'assimilais l'onde. Simultanément, je « comprenais » le rôle de l'attention CONSCIENTE, catalyseur et capteur de ces énergies inconnues et qui me permettait de les assimiler. L'ATTENTION est la VIE. Lorsqu'on meurt, l'attention quitte le corps qui n'est plus qu'un cadavre.

Par la suite, plusieurs des participants me posèrent des questions concernant les expériences que j'avais effectuées sur les effets du psychisme sur le corps et sur la séparation entre celui-ci et le principe conscient. Quelques extraits de cette conversation :

Louis-Marie Vincent (physicien-biologiste) — Vos expériences ont ceci d'intéressant, c'est que vous étiez dans un état naturel, normal, alors que celles qui nous sont rapportées par une abondante littérature, relatant celles des gens revenant de comas dépassés, sont tout de même entachées de la prise de drogues, de piqûres intervenant en la modifiant sur la composition sanguine, etc. Alors se posent les questions : est-ce des hallucinations ? causées par les traumatismes chirurgicaux ? Vous nous apportez quelque chose de très important.

Avez-vous constaté une analogie ou des différences avec les expériences décrites par les gens au seuil de la mort ? Au sujet de leur déplacement, leurs visions ?

Jeanne Guesné — Chaque fois ces gens retrouvent un parent ou des parents et amis morts, qui leur parlent, les entourent. C'est normal, cela appartient à leur mémoire mentale. J'ai toujours appliqué une rigueur, je dirais scientifique, gardant un esprit critique, pour traduire mes expériences. C'est ainsi que je vis (une seule fois) mon père quelques instants, je vis surtout ses mains qui serraient les miennes, me disait qu'il lui fallait me quitter car il ne pouvait plus rester. Mais, très vite, je compris que c'était moi qui, en pensant à lui, provoquais son image incroyablement vivante... Chaque fois que, dans la vie quotidienne, je ressens un sentiment de joie, d'amour intense, je l'identifie à la présence de ceux que j'aime... C'est humain.

L.M. Vincent — Beaucoup de témoignages rapportent cette preuve d'amour...

J. Guesné — Je pense que l'AMOUR est l'énergie universelle, source de tous les niveaux d'énergie qui en découlent. G.I. Gurdjieff disait qu'à tous les niveaux de la création, les lois sont les mêmes...

L.M. Vincent — L'information n'est pas quelque chose en soi. C'est quelque chose de complexe. L'information est composée d'un support et d'un contenu qui est la signification d'un signifié. Le signifiant est de nature physique. Ce sont les mots, ce qui est traité par les informaticiens. Les gens qui s'occupent de l'information dans la théorie de Schanon ne s'occupent pas du tout du sens ou signifié.

On ne sait pas très bien ce que c'est et on le considère comme quelque chose d'abstrait. Si on se réfère aux témoignages, beaucoup de gens parlent de leur rencontre avec un être de lumière et ils disent qu'ils ont compris ce que disaient les gens, mais sans paroles. Ils ont accès directement à la signification. Les gens avec qui je travaille, des mathématiciens, ont construit un modèle de conscience au-delà du cerveau. Le cerveau ne fait que décoder cette connaissance qui se trouverait dans des champs associés à certains milieux particuliers. Il y a une inversion du temps et de l'espace, qui fait qu'à ce moment-là, on a accès à une simultanéité de toutes les informations. On trouve les notions de synchronicité de toutes les informations.

J. Guesné — Mais c'est la CONSCIENCE-CONNAISSANCE INSTANTANÉE !... Tout est là sans mots et en même temps. Mais si vous voulez l'expliciter, vous « descendez » à l'étage inférieur de la

Conscience où le temps « s'écoule », séquence après séquence.

L.M. Vincent — On peut rapprocher cela de ce qui est rapporté dans les Evangiles à propos de la descente du Saint-Esprit sur les Apôtres. Ils ont compris tout d'un coup. Ils ont eu accès à la signification directement. Ils ne comprenaient sûrement pas le signifiant, mais le « sens ».

J. Guesné — Dans le même esprit, permettez-moi de citer cette autre parole des Evangiles, à propos de mes constatations sur l'activité simultanée des deux hémisphères du cerveau : « Lorsque vous serez DEUX en mon Nom, JE serai LÀ. » La troisième force de Gurdjieff, le troisième infini de Teilhard de Chardin. Réfléchissez : un homme et une femme sont ensemble. Néanmoins, rien ne se passera jamais physiquement, psychiquement ou mentalement, si l'action d'une troisième énergie invisible ne les « attire » pas l'un vers l'autre. Il faut la présence de deux pôles matériels (en l'occurrence, l'homme et la femme) et un troisième invisible, d'une nature irréductible à notre rationalité, et cependant déterminant. On ne peut constater que *ses effets.* C'est l'état intérieur d'un individu qui conditionne et harmonise, ce n'est pas l'inverse. Mais nous l'ignorons.

Un participant — Comment se protéger des mauvaises choses ?

J. Guesné — Si vous perdez l'esprit scientifique « vécu », c'est-à-dire comprenant les deux composantes intérieure et extérieure, votre personnalité physio-psycho-mentale, et la sensation vivante de votre intériorité profonde (qui est le fruit d'un travail intérieur persévérant), vous êtes à la merci des états d'humeur de votre entourage, qui sont des fréquences vibratoires d'énergie. Nous sommes des orgues vivantes et, malheureusement, nous demeurons trop souvent dans les basses fréquences de la violence, l'envie, la jalousie, la haine ou l'angoisse, la peur...

Apprenez à vous tenir au niveau des hautes fréquences de la paix, du calme, de la confiance, de l'amitié, et pourquoi pas... de l'Amour.

Alors vous ne risquez plus rien. Un mur inattaquable de vibrations vous protège. C'est de ce niveau seulement, que vous pouvez aider les autres.

M. de Leusse — Votre témoignage est développé par Robert Monroe. En Virginie, il tente de le faire vivre à d'autres en maîtrisant cinq paramètres. Ce lieu en Virginie est géologiquement éloigné des nœuds de Hartmann, des ondes hertziennes et de l'influence de l'eau par une couche d'argile.

À l'intérieur du centre, il y a des pièces où chacun règle quatre paramètres :

— noir absolu ou lumière ;

— température et hygrométrie constantes ;

— horizontalité ;

— bande son, silence ou rythme des vagues du Pacifique.

Soit avec l'aide d'une voix ou tout seuls, les gens se mettent dans un certain état et arrivent à sortir.

J. Guesné — Ces sorties-là sont ce que j'appelle des sorties où le moi psychologique sort de son enveloppe physique et existe comme un satellite dans l'espace-temps mental. Elles sont, quant à moi, sans grand intérêt, et très dangereuses pour la santé physique et mentale de ceux qui les expérimentent. L'éveil du 7e Sens a lieu dans le corps, comme le papillon se crée dans le corps de la chenille et non au-dehors. Pierre Weil, professeur d'université au Brésil où il a fondé la Cité de la Paix, a composé une anthologie de la Conscience cosmique à travers les Âges * et, alors que je ne le connaissais pas, il m'a incluse dans la liste des contemporains qui étaient parvenus à des expériences au niveau de la Conscience cosmique, à la suite de mon livre *La Conscience d'Être, Ici et Maintenant* **.

Je pense qu'il est indispensable de se souvenir de ces lignes de l'Évangile de Jean (9, 39) : « Je suis venu pour que voient ceux qui ne voient pas et pour que ceux qui voient deviennent aveugles. »

* *Anthologie de l'extase, Question de, n° 77,* Éd. Albin Michel.
** Éd. Espace Bleu, 1991.

« Ce n'est pas toi qui fais des essais,
c'est avec toi qu'il est fait des essais »

GITTA MALLASZ,
Dialogues avec l'Ange

Pour moi, la transformation de la Conscience peut transformer le cerveau, car on ne peut pas séparer la matière de la Conscience. On ne peut pas regarder un côté de la réalité sans regarder l'autre en même temps. Et on ne peut changer l'un sans l'autre.

David BOHM, physicien

Une fois encore un feu intense dans tout le corps m'éveille au milieu de la nuit. Je prends ma température : 36°8. Quelques instants plus tard, je suis couverte de sueur de la tête aux pieds.

Que se passe-t-il ? La souffrance laissée par un zona depuis trois ans n'a pas varié d'un iota, et me rend très pénible le moindre effort physique. Cela depuis qu'un certain matin de juillet 1991, dans l'instant où j'ouvris les yeux, je « vécus » une scène d'une intense réalité.

On frappait des coups sourds à ma porte d'entrée. J'ouvris les trois verrous. Une femme âgée, immense, enveloppée de la tête aux pieds dans un voile noir se jeta sur moi pour me terrasser. Avec la vitesse d'un éclair je lui fis face en criant : « Que venez-vous faire ici ? »... et je me retrouvai debout au pied de mon lit, tout le corps vibrant de l'impensable contact que je venais de vivre...

Le signe reçu était terrible... la mort ?... la souffrance ?... l'annihilation de qui ? de quoi ?... Qui dira jamais la démesure fascinante du regard « sans expression » et intensément vivant que je venais d'affronter... Dans la durée d'un éclair j'avais appartenu à un autre monde que « je connaissais ». J'en ai eu la certitude, d'où ma réaction spontanée : « Que venez-vous faire ici ? » Dans le monde quotidien, je ne m'en souviens plus.

Cependant, je sais que l'écoulement de toute une vie peut tenir dans un instant de ce hors-temps. Il y règne une énergie d'une grande intensité, et les images qu'il me suggère, d'une incroyable réalité, sont des « raccourcis », des « passerelles » pour communiquer avec LUI, mais elles n'ont pas de *réalité intrinsèque*.

Quelques jours plus tard, les premiers signes d'un zona firent leur apparition.

Le 1er septembre, alors que je me tenais debout dans l'angle de ma cuisine, je fus prise d'une souffrance aiguë irradiant en cercles de feu. Un voile noir passa devant mes yeux et le feu devint sueur glacée.

Dans un éclair je compris que je mourais. Sans aucune rupture de conscience, mon corps s'affaissa sur la chaise qui se trouvait derrière lui... ne donnant plus signe de vie. Mon mari, à un mètre à peine, pousse un cri d'effroi : « Jeanne... » Je n'entends pas le son de mon nom, je le « ressens » comme un « crochet » qui « me tire d'un abîme » et me ramène dans mon corps inanimé. J'ai beaucoup de mal à prendre contact avec lui. (Je suis pleinement consciente de ce qui se passe mais je ne peux encore me manifester.) Enfin, mes paupières se lèvent, mes mains sont de nouveau habitées, les muscles de mon visage s'animent, permettant à mes cordes vocales d'émettre un son. Le médecin, que mon mari avait appelé en hâte, est à côté de moi, très frappé semble-t-il. Je l'entends dire à mon mari : « C'est vous qui l'avez sauvée ! »

Le zona a suivi son cours. Mes plaies ont guéri, mais la souffrance est demeurée aussi intense, en dépit de tous les soins de la médecine traditionnelle et des médecines parallèles.

Aujourd'hui seulement, je commence à traduire les signes. La « femme en noir » m'annonçait des années de souffrance à assumer ; la maladie et le départ d'Hervé devaient en multiplier lourdement l'impact...

« Son regard intense sans expression » ? Rien n'est plus simple à comprendre : l'avalanche qui ensevelit l'alpiniste ou la tempête qui fait sombrer le voilier n'ont pas l'« intention » de tuer. Elles obéissent à la Loi de leur existence d'avalanche et de tempête !

La souffrance physique ? Par le fait même que je suis avertie, je peux me poser la question : qui m'avertit ? Sans hésitation, je réponds : moi-même. Pas Jeanne Guesné, mais le niveau d'Être avec lequel je communique dans l'instantanéité et de plus en plus souvent. Analogiquement, pour recevoir Canal+ dans son téléviseur, il faut poser une antenne et installer un décodeur. Je comprends que « l'accord » de résonance qui s'est établi entre deux domaines de ma Conscience d'Être exige une transformation de mon métabolisme et de mon organisme physique. Sans doute cela entraîne-t-il des douleurs correspondantes ?

Il s'agit d'un nouveau mode d'Être où le mouvement de la VIE est en résonance avec l'Éternité de l'Instant. Depuis des années, mon comportement dans la vie quotidienne est de plus en plus en accord avec ce que je suis dans ma vie intérieure. Je pense qu'une certaine « durée » est nécessaire pour que se concrétise une base solide reliant les deux états. Pendant longtemps, ils furent très différents. Je sortais de l'un pour entrer dans l'autre et vice versa. L'ÊTRE n'est pas perceptible sensoriellement, il ne peut être que RESSENTI.

Je pense que ce texte de Martin Buber, *Pérégrination aux cieux*, est comme un écho à mon « aventure » du 1er septembre 1991.

PÉRÉGRINATION AUX CIEUX

« Le jour, il sert les créatures. Dès le matin, transportés par le vent, les messagers arrivent chargés du poids de toutes les revendications de la terre, des plaintes et des souffrances de tous les êtres vivants. Il reçoit leurs appels, distribue la consolation. Le contact de ses doigts guérit les blessures du monde.

Le jour, il sert les créatures ; mais le soir, son âme s'élève loin de son corps endormi ; il dépasse la durée et le lieu comme des menottes et, d'un coup de pied repoussant la terre, vole libéré jusqu'aux cieux qui l'accueillent.

Là il n'y a plus ni espace ni temps mais seulement un chemin d'éternité.

Or, une nuit, un mur masque le chemin et l'insondable. Un doigt éteignit la lumière des étoiles et les promesses de tous les cieux. Une entrave gigantesque aux proportions de l'élan sans bornes du vol, s'oppose à l'essor de l'âme. Sur le chemin disparu, un mur sinistre s'éleva dans la nuit.

Ce mur avait un visage prodigieux et obscur. L'âme le connaissait : c'était l'image de la vie telle qu'elle venait de la quitter, telle qu'elle la retrouverait le lendemain matin comme un lit toujours prêt.

Mais au-delà du mur un son monta, une grande Voix résonna dans l'obscurité qui disait :

« Ame, âme exigeante qui veut se conserver et se perdre, qui désire en même temps l'existence et l'infini, le monde des sens et celui du mystère, c'est ici la limite ; c'est ici l'autel du monde.

Ici l'âme ne passe pas si elle ne sacrifie pas quelque chose, car le nom de ce lieu est : le choix de Dieu. Jusqu'ici, il y avait de l'un et de l'autre. Ici, l'Unique commence.

Ame qui est arrivée là, choisis. Détache-toi de la terre et je m'ouvre à toi, ou bien reprends ton vol et retourne d'où tu viens. Celui qui m'a touché ne retourne plus ".

La Voix se tut.

L'âme resta suspendue comme suivant la trace de la Voix qui s'éloignait et elle commençait de dire : " Je me sépare ", quand un appel monta de la terre.

Une femme s'était penchée sur le lit dans lequel reposait un corps d'homme ; elle avait regardé le visage pâle, senti en tâtonnant la tempe froide et poussé ce cri : " Israël ".

Son appel fendit les cieux, rejoignit directement sur le chemin l'âme qui avait pris tant de nuits à le parcourir et posa sa main légère sur son épaule.

Alors l'âme s'interrompit ; elle entoura de son bras le cou du messager et retourna sur la terre.

Ce fut la dernière pérégrination aux cieux du Maître. »

Martin BUBER, *Récits hassidiques*,
Éd. du Rocher, 1984.

L'Homme doit installer les richesses de l'esprit dans la matière, par la matière.

AUROBINDO

Il est urgent d'établir une relation avec soi-même, descendre dans le secret de sa profondeur, afin de prendre conscience de la coupure qui donne naissance à l'ego.

Prendre conscience que nous n'agissons toujours que pour un profit personnel, même si nous l'ignorons. Tout enfant, l'école nous a poussé dans un esprit de compétition à toujours être le meilleur. Cela a continué dans tous les domaines, matériels et psychologiques, dans la lutte pour se faire une place dans l'organisation sociale tellement importante à nos yeux. Il est temps pour nous de découvrir une impulsion nouvelle dans un dépassement de notre moi personnel qui dresse une barrière infranchissable à la PERCEPTION de la RÉSONANCE

UNIVERSELLE. Elle est l'Essence de la communication à tous les niveaux de manifestation de la VIE.

Cette nuit, dans un moment de très grande souffrance physique, j'eus une révélation. Je fus comme écartelée entre un feu qui me brûlait la moitié droite du buste et le SENS d'une connaissance immédiate, sans mots, qui me pénétra, se dilua dans ce que, faute de mieux, j'appelle mon « entendement », et là, une voix silencieuse la traduisit en mon propre dialecte.

J'emploie cette expression, mon propre dialecte, parce que j'avais l'impression que cette CONNAISSANCE exprimée par une voix inaudible, au plexus solaire, appartenait à TOUT le VIVANT sur la planète, et qu'elle était reçue au niveau de l'entendement qui s'offrait à ELLE.

C'est ainsi que je compris l'histoire de l'humanité semblable à un « feuilleton » à l'échelle planétaire, qui se déroule depuis trois millions d'années, suivant les paléontologues, avec des épisodes « chocs », des retournements de situations géographiques et ethnologiques, des drames et des comédies en tout genre.

Dans le même temps, je comprenais que, dans son monde quotidien, l'homme imite sans le savoir le grand film planétaire en construisant son monde psychologique avec ses tabous, ses codes, ses interdits jaillissant de l'inconscient pour s'imposer à lui. Constamment, une sensation de tension musculaire dans ses sourcils, sa mâchoire, ses mains entretient l'illusion qu'il est un moi-je personnel, séparé des autres.

Il écrit des traités de théologie, de philosophie, de psychologie, d'humanisme, etc., des romans-fleuves, des scénarios de saga familiale qu'il filme en noir et blanc, en couleurs, doublés ou sous-titrés en toutes langues.

Les lecteurs et les spectateurs de ces productions ignorent qu'eux-mêmes sont constamment les acteurs d'une super-production à l'échelle planétaire, et que leurs ennemis à ce niveau appartiennent à la fantasmagorie du rêve auquel ils participent eux-mêmes, et dont ils se réveillent à leur mort.

Plus exactement, un seul ÊTRE œuvre en les six milliards d'hommes qui peuplent notre Terre-planète. Les uns se haïssent, se détestent, se supportent, s'ignorent ou s'aiment durant leur existence qui se renouvelle sans interruption.

Pressentir, sentir ou seulement admettre comme probable cette éventualité, c'est déjà « se mettre en route ». En prendre conscience déclenche l'amorce de la transformation. L'homme ou la femme de cinquante ou soixante ans qui « vivra » un instant cette révélation dans son corps, gommera spontanément trente ans d'usure de son organisme. Désormais, rien ne sera comme AVANT... ses limites auront reculé.

La fulguration du « Rappel de Soi » transforme les antagonismes des contraires (qui sont la loi de l'ego) en l'unité des complémentaires, et la CONSCIENCE apparaît. Le savoir est toujours personnel. Il appartient à l'ego, la Conscience est à l'ÊTRE.

J'aimerais attirer votre attention sur un sujet fondamental : la relativité du temps.

J'ai dit et écrit souvent que le temps de l'homme n'était pas celui de l'humanité et que le temps de l'humanité n'est pas celui de la planète. Il faut avoir présentes à l'esprit ces énormes différences de durée entre les deux mondes auxquels nous appartenons : l'homme personnel et l'homme-cellule de l'humanité, c'est-à-dire à l'échelle planétaire.

La communication authentique est le contact direct de ces deux niveaux simultanément : « l'homme responsable, responsable de la constitution qui établit les lois de son pays, qui vote, paie ses impôts, fonde une famille, et l'homme-cellule-humanité. La double origine de l'homme : le ciel et la terre * ».

Nous n'avons pas la « perception » de notre appartenance à la dimension planétaire. Pour en éprouver la RÉSONANCE durant notre passage éclair dans un corps physique (90 ans), il faut nous éveiller à son « écho » par des échanges entre des hommes et des femmes qui en ressentent le besoin, l'urgence et la nécessité.

Si leur effort atteint un certain degré d'intensité, un champ d'énergie, dans lequel ils seront investis, va se créer. Vous savez qu'il ne saurait y avoir de

* *L'Homme et sa double origine*, Karlfried Graf Dürckheim, Éd. du Cerf, 1977.

trous ni de failles dans un champ. Désormais, ils sont unis à ce point d'eux-mêmes où la Vie pénètre en eux, dans le Hara, là où nos énergies viscérales demandent à être transmuées. L'état de demi-sommeil ou sommeil éveillé qui caractérise notre existence, fait obstacle à notre contact direct avec la réalité.

L'unique lieu de nos rencontres avec les autres ou avec nous-mêmes est l'ICI, MAINTENANT — TOUJOURS et PARTOUT. Faisons l'effort d'habiter nos deux Patries, celle de la terre et celle du ciel. L'une temporaire, l'autre immortelle. Et à quelque distance que nous nous trouvions les uns des autres, le champ invisible d'énergie qui nous contient et nous structure nous relie directement au soleil d'où il émane, alors que le petit champ magnétique personnel de notre corps appartient à la terre et y demeurera.

Nous sommes, si nous l'acceptons, c'est-à-dire si nous faisons l'effort, les créatures de la planète qui « peuvent vivre » sa CONSCIENCE, et vous comprenez que la Conscience ne peut se vivre inconsciemment.

Il ne tient qu'à nous que ce champ grandisse, s'accroisse de notre « appétit » à le nourrir. Tout est inversé ; on se nourrit d'avoir faim ! Que cette faim rayonne, elle en attirera d'autres. Tous les jours, réservons-nous une certaine durée pour la nourrir. Une grande intensité est préférable à une durée trop longue, inévitablement stagnante.

Notre corps est soumis au rythme lunaire et à ses lois. Le second corps qui « se fait » en lui est soumis au soleil et aux lois du rythme solaire. Ceci est une information qui, selon le physicien David Bohm, est une énergie supplémentaire, permettant de ne plus subir la loi, mais de coopérer avec elle. Entre nos deux états, c'est-à-dire nos deux PATRIES, la Grande VIE Universelle qui en est la Source nous adresse ce que j'appelle des clins d'œil, des signes rapides et subtils sous la forme de « coïncidences ». Il nous faut les « reconnaître », et pour cela ne pas être somnolents (identifié aux processus physiques et psychologiques).

Chaque fois, c'est une occasion d'éveil qu'il nous faut saisir au vol. Notre aptitude à les « voir » augmentera le nombre de leur apparition, leur fréquence à se renouveler, sinon ils ne se répéteront plus...

Que celui qui a des yeux...
Que celui qui a des oreilles...

C'est ainsi que, peu à peu, s'opère une désidentification avec l'image mentale que nous avons construite nous-mêmes et qui nous sépare de notre « identité » à LA VIE et à son dynamisme créateur.

La poupée de sel

« Il y avait une fois une poupée de sel qui voulut mesurer les abîmes de l'Océan. Elle emporta pour cela une ligne de sonde et un plomb. Elle arriva au bord de l'eau et contempla le puissant Océan qui s'étendait devant elle.

Jusqu'à ce moment, elle restait toujours la même poupée de sel, et conservait son individualité propre. Mais à peine eut-elle fait un pas de plus, à peine eut-elle posé le pied dans l'eau, qu'elle ne fit plus qu'un avec l'Océan. Elle était perdue, il était impossible de la voir ! Toutes les particules de sel qui la composaient s'étaient dissoutes dans l'eau de mer. Le sel dont elle était faite provenait de l'Océan, et voilà qu'il avait fait retour à l'Océan pour s'unir de nouveau avec lui.

Le “ différencié ” était devenu un avec “ l'indifférencié ”.

L'âme humaine est comme cette poupée de sel, l'ego différencié, individualisé. L'Absolu, le Non-conditionné, est l'Océan salé infini, l'ego indifférencié.

La poupée de sel ne pouvait pas revenir expliquer la profondeur du grand Océan. Tel est le cas de celui qui a le bonheur de réaliser le Dieu Absolu dans les profondeurs insondables du Nirvikalpa-samaddhi, qui efface toute individualité. Indifférencié comme il est, il ne peut pas ressortir des abîmes pour expliquer au monde la nature du Dieu absolu et non conditionné. Et si jamais par la volonté de ma Mère, il était possible à la poupée de sel de revenir à l'état différencié, elle devrait s'exprimer en fonction du limité, dans le langage de la différenciation. Elle devrait se comporter comme un habitant du monde relatif et phénoménal.

C'est pourquoi le GRAND MYSTÈRE défie toutes les tentatives faites pour l'expliquer. L'Absolu, le Non-conditionné, ne peut pas être exprimé en fonction du relatif et du conditionné. L'infini ne peut se décrire dans la langue du fini. »

Jean HERBERT,
L'Enseignement de Ramakrishna,
Ed. Albin Michel

Peut-on donner une définition de la Vie qui soit plus près du réel : c'est-à-dire moins liée à la connaissance humaine ?

Donnons une image pour illustrer notre pensée. Nous sommes devant un problème comme des géants qui, en visite sur notre planète, ne distingueraient rien en dessous des dimensions d'une automobile. Elles leur apparaîtraient comme les plus petits objets discernables, objets, par ailleurs, doués de mouvements ordonnés, qu'ils ne pourront pas immédiatement expliquer par des lois.

Conclusion : avec notre définition, ils diront que les automobiles représentent l'essence du Vivant sur la Terre.

Jean-Emile CHARON, *La Connaissance de l'Univers.*

Les flashes de mon « Vécu » sont à mon travail intérieur ce que les bornes kilométriques sont à l'attention de l'automobiliste. Ils me renseignent sur la quête incessante du sens de la Vie et de la Mort.

Aujourd'hui, je vois dans un éclair que mes quatre-vingt-quatre ans d'existence n'eurent de réel au milieu de leurs doutes, leurs joies et leurs peines, que les trop rares éclairs d'Amour illuminant l'Unité de mon Essence.

En moi, l'adolescente continua la destinée de l'enfant, lui-même aboutissement du bébé conçu dans la chair maternelle fécondée par la semence du père. Ainsi le veut le cycle éternel du mouvement de LA VIE sur la planète qui émane les corps et les réabsorbe...

J'avance dans l'Inconnaissable extra-sensoriel, avec la certitude que je DOIS le NOMMER. Analogiquement, comme l'enfant apprend à reconnaître et à nommer les objets de son environnement. C'est une impression très précise et très forte (que je ne m'explique pas) et qui me fait percevoir des interactions entre des « résonances », au-delà des sens et de la pensée... Je me meus dans un océan de connaissance extra-sensorielle qui m'emplit de cette certitude : « La Vie somnole en toi. Éveille-la ! »... Je sais également que le fait de nommer l'inconnaissable le fait NAÎTRE à « notre Monde ».

Je comprends comment l'expérience VÉCUE de deux niveaux de conscience simultanément, révèle un champ de force qui est un état d'ÉVEIL.

Je comprends aussi les deux orientations possibles :

1° la formation de concepts et leur utilisation ultérieure me devenant familière, je me coupe, sans m'en rendre compte, du monde de l'expérience, le concept n'ayant pas de puissance propre ;

2° demeurer dans le silence intérieur d'où la

CONSCIENCE commande directement les fonctions psychiques et mentales qui échappent ainsi à la domination de l'ego et de son monologue incessant. Il est comme un filet suspendu qui empêche le contact avec les faits. Les mots nous tiennent à distance. Voilà le piège. Chacun de nous est enfermé dans une bulle qu'il a tissée lui-même et que sa pensée mécanique entretient. Le silence et l'immobilité s'instaurent lorsque je comprends cela VISCÉRALEMENT.

C'est ICI que l'effort doit se poursuivre. La clé de l'Ailleurs est ICI et MAINTENANT.

La dimension de la conscience psychologique n'est valable que du point de vue fonctionnel, pour les actes à accomplir dans la vie matérielle. Mais elle est nuisible dans ce qui a trait au SENTIMENT, parce qu'elle divise, elle crée des conflits. Je comprends que l'être humain, moi-même, est un lieu de rencontre d'énergies de niveaux différents, c'est-à-dire liés à des niveaux différents de la Conscience. L'Homme transforme mécaniquement, inconsciemment, des énergies qui pénètrent en lui durant toute son existence. A sa mort, elles se libèrent. Mais il PEUT LES TRANSFORMER INTENTIONNELLEMENT. Il vivra ainsi à des niveaux de conscience de plus en plus élevés...

La VIE est une intensité instantanée, non un espace et une temporalité (l'existence). On ne quitte pas ce monde, on ne va pas « ailleurs ». Il y a des degrés d'intensité... nous serions d'ailleurs écrasés si nous y étions soumis. Il m'est arrivé d'en faire l'expérience à mon insu.

Il y a plusieurs décennies de cela, je me trouvai dans un état de grande tension émotionnelle, très présente. Ma fille, son mari et leurs enfants repartaient le lendemain en Afrique où mon gendre était ingénieur sur une base aéronautique. Dans la salle de bains, ma fille langeait Sophie, âgée de quelques mois, et nous envisagions la séparation de deux ans avec beaucoup de peine. Soudain, la sensation habituelle d'être « moi » disparut. Je m'éprouvai comme un « regard conscient » flottant dans une tête énorme et stupide. Ma fille et son bébé m'apparurent aussi avec des têtes énormes et dodelinantes au bout d'un long cou d'autruche, des têtes de carnaval... Notre conversation continuait, mais le son de nos voix était éraillé, comme émanant du pavillon d'un vieux phonographe, avec des résonances métalliques. Ces impressions très vivantes et insolites se déroulèrent durant huit minutes (j'ai consulté ma montre). J'étais remarquablement lucide. Je peux même dire que j'étais cette lucidité.

Une force énorme m'habitait sous la forme d'une « pression » que je sentais ne plus pouvoir contenir. Je fus soudain envahie par une peur incontrôlée et j'allais hurler lorsque, avec la fulguration de l'éclair, une pensée me traversa : « Je n'avais rien à craindre, je n'avais pas violé un secret comme la femme de Barbe-Bleue. J'avais le droit d'observer ! »

Aussi soudainement que cela était apparu, cela disparut, et tout rentra dans l'ordre. Je retrouvai la sensation d'être « moi » habituelle. Ma fille ne s'était aperçue de rien et je ne lui en fis la confidence qu'à son retour, deux ans plus tard.

J'eus le sentiment très vif d'avoir abordé à mon insu un mystère que je n'étais pas en mesure d'élucider sans risque de désordre mental. Je ne tire aucune conclusion. Je rapporte les faits. Cependant, je dois apporter une précision fondamentale : le regard, « CELA » en moi qui voyait durant huit minutes, était une PRÉSENCE *inouïe* qui n'appartenait pas à notre dimension d'espace-temps, qui n'était pas humaine, et cependant, elle m'avait « habitée ». C'était à la fois immense et terrifiant... Ce ne fut que lorsqu'elle disparut que je me retrouvai moi-même.

Quarante années plus tard, je « comprends » ce qui se passa.

Causée, sans doute, par ma tension émotionnelle consécutive au départ de mes enfants, une énergie d'un très haut niveau et d'une puissance inouïe « m'habita » et vécut la scène totalement irrationnelle de la Présence de deux niveaux de conscience, sans commune mesure entre eux, manifestés « simultanément dans le même corps ». Celui de mon ego terrifié et... l'Autre... immense, qui, dès lors, ne cessa jamais de « me faire signe », de loin en loin dans le cours de mon existence.

Ici encore, les hypothèses des physiciens, des biologistes modernes (David Bohm, Karl Pribram, Rupert Sheldrake, Ilya Prigogine, Eccles, Régis Dutheil, Jacques Steyaert, etc.) m'emplissent d'une joie indicible : un « hologramme » superlumineux

« stoppa », durant huit minutes, la manifestation, sans la détruire, de « l'hologramme » sous-lumineux de mon insignifiante personnalité.

Le mur de lumière, pour moi le mur du mental, devient de plus en plus transparent pour ma compréhension... Combien de « discernements fulgurants » ai-je vécus le matin dans l'instant où s'ouvrent les paupières ? Ils viennent... « d'ailleurs » et jalonnent mon existence de « signes » indiscutables : le bombardement de l'HOE 15 le 15 mai 1940 en Lorraine (j'étais mobilisée comme infirmière), le décès accidentel d'un ami, celui de mon père...

Les travaux en physique du professeur Régis Dutheil l'ont conduit à construire un modèle d'un second univers complémentaire et symétrique au nôtre, où les vitesses sont toujours supérieures à celle de la lumière, et il lui a donné le nom d'« univers superlumineux ». Naturellement, c'est une hypothèse qui n'est pas encore vérifiable scientifiquement... mais, pour moi, c'est l'explication intellectuelle de soixante années d'expériences vécues...

J'ai lu son livre, et surtout la partie scientifique avec ses théories et ses schémas, avec la même facilité que si j'avais lu un polar de bonne qualité, bien que je n'aie pas de formation universitaire dans les domaines des mathématiques ou de la physique quantique, ni de la relativité de la matière, etc.

Il y a une quarantaine d'années, j'ai « rapporté », d'une sortie hors du corps, la certitude que, pour chaque événement personnel ou collectif, toute une gamme de versions différentes de ce même événement aurait pu être actualisée à sa place. Celui qui se manifestait était en accord avec mon « état intérieur », ma vibration particulière qui le détermine. Je lis page 64 * :

> « Au niveau quantique, une particule possède un grand nombre d'états où elle est simultanément présente. C'est l'expérimentateur, par l'acte de l'observation et de la mesure, qui fait passer la particule dans un état déterminé. Autant dire que c'est la conscience de l'observateur qui détermine la mesure de la particule. »

Et je me souvenais de la parole de G.I. Gurdjieff : « À chaque niveau, les mêmes lois, mais leur aspect est très différent, et nous ne les reconnaissons pas. » Ce qu'il appelait également les impressions et qui représentait dans ses diagrammes la troisième nourriture est nommé informations par les nouveaux physiciens. Il a toujours expliqué que l'homme pouvait par son travail intérieur accroître en qualité sa nourriture d'impressions, et ainsi se transformer et gravir l'échelle de la Conscience.

Je déduis, de ces observations, qu'une expérience spirituelle n'est complète qu'à partir de sa traduction qui lui donne naissance dans notre monde. Et l'expérience intellectuelle est sans efficacité réelle tant qu'elle n'est pas vécue spirituellement. Tou-

* *L'Homme superlumineux*, par Régis et Brigitte Dutheil, Éd. Sand, 1990.

jours les deux mouvements : l'un de la Connaissance descend au savoir ; l'autre du savoir monte à la Connaissance, l'éternelle Échelle de Jacob demeure l'immuable mesure de la mouvance de l'homme dans la création.

Quelques années avant la guerre, en 1934 environ, un ami de mon père nous conta ce qu'il considérait comme un miracle qui bouleversa son existence, l'orientant définitivement dans la recherche de la Connaissance. Alors qu'il avait vingt ans, était marié et avait un enfant, tout en demeurant le seul soutien de sa mère veuve et malade, il allait devoir faire son service militaire (d'une durée de sept ans à cette époque). Toutes les démarches entreprises pour l'en exempter avaient échoué. La convocation pour la visite médicale d'incorporation venait de lui être notifiée.

En désespoir de cause, il s'en fut trouver un vieil homme de la campagne considéré comme un « sorcier bienveillant » possédant des « pouvoirs ». Ce dernier lui donna rendez-vous la prochaine nuit de pleine lune à minuit dans un lieu secret de la campagne environnante. Et là, après s'être signé trois fois, il récita d'un ton incantatoire une suite de mots inconnus, ponctués de grands gestes rituels. Après un silence plein de ferveur, il enfouit une pincée de sel aux quatre points cardinaux autour d'eux et, se signant une dernière fois, l'entraîna sur le chemin de retour.

Avant de se séparer, le vieux hiérophante ajouta : « Sois tranquille, petit, tu ne partiras pas. Tous les jours, tu te sentiras de plus en plus sûr en te souvenant du moment que tu viens de vivre. Le père Joseph (c'est ainsi qu'on l'appelait) ne se trompe jamais ! »

Le jour de la « visite » à la mairie, devant les personnalités civiles et militaires, il se tient en l'état de nudité requis dans l'alignement des conscrits, en attendant son tour. Un gendarme fait passer chacun sous la toise et marque la taille sur sa fiche, puis sur la bascule, marque le poids et dépose la fiche sur la table du major. Après un bref examen, le rapport entre les deux chiffres est déterminant pour déclencher la sentence : « Bon pour le Service » ou « Exempté ».

Il est de petit gabarit, mais bien proportionné. D'instant en instant, il se répète avec insistance : « Le père Joseph ne se trompe jamais. »

Le jeune homme qui le précède est très grand et la toise est placée haut. A l'instant où le gendarme va la descendre sur sa tête, il est appelé en arrière et le pousse rapidement sur la bascule. Les deux chiffres qui figureront sur sa fiche seront celui de la taille de son prédécesseur et son poids personnel... Quelques instants plus tard, le major prononcera « Exempté »...

Quarante ans plus tard, en nous contant la scène, il la revit et se pose toujours la même interrogation : comment le père Joseph a-t-il pu obtenir cela ? Sa vie en fut transformée profondément.

Madame T. à laquelle j'ai rendu hommage dans mon premier livre, *Le Grand Passage*, obtenait de tels « miracles », mais sans rituel particulier, semble-t-il. Du moins, je n'en fus jamais le témoin. Elle « sacrifiait » toujours quelque chose auquel elle tenait : une habitude agréable, un objet, un projet... et conseillait de « payer » ainsi par avance « le ciel ». C'est une méthode qui m'a souvent réussi. Mais j'insiste sur ce point, ce ne fut jamais une demande de mon ego, ni un profit pour lui, et ceci est très IMPORTANT, car cela se passe au niveau de la prière du cœur où il ne peut pénétrer.

Les hypothèses scientifiques contemporaines m'apportent une grande joie, car elles éclairent les incompréhensibles résultats de la « foi du charbonnier », de « l'effet placebo », des guérisons miraculeuses, et beaucoup de témoignages insolites. Elles offrent un sujet de réflexion profonde sur l'idée du Sacré, de la Transcendance, du Divin, et ce n'est pas un mince résultat que ce constat de convergence entre la science et les traditions...

N'oublions cependant jamais qu'il y a des degrés de compréhension d'une même expérience et qu'ils ne se révèlent que de loin en loin sur plusieurs années. Il n'y a pas UNE réalité, mais des niveaux de réalité relative, chacun n'étant qu'un fragment d'une réalité plus grande...

L'ego, en soi, se désespère car il s'affaiblit, mais dans la profondeur, l'ÊTRE s'émerveille...

Pierre Weil actualise l'espérance de tant de « chercheurs » dans les lignes qui terminent *L'Homme sans frontières* * :

* *L'Homme sans frontières*, Éd. Espace Bleu, 1988.

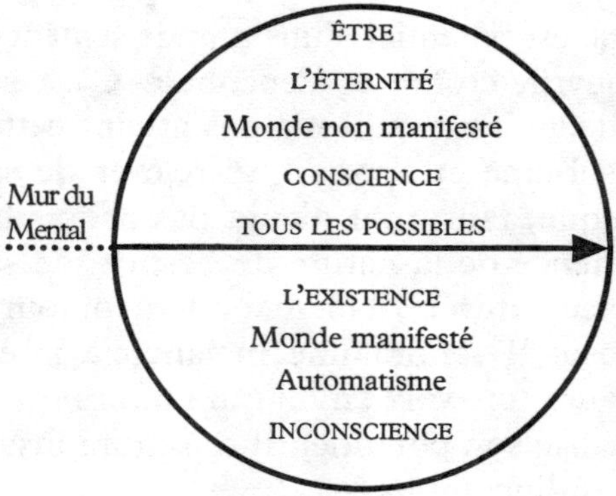

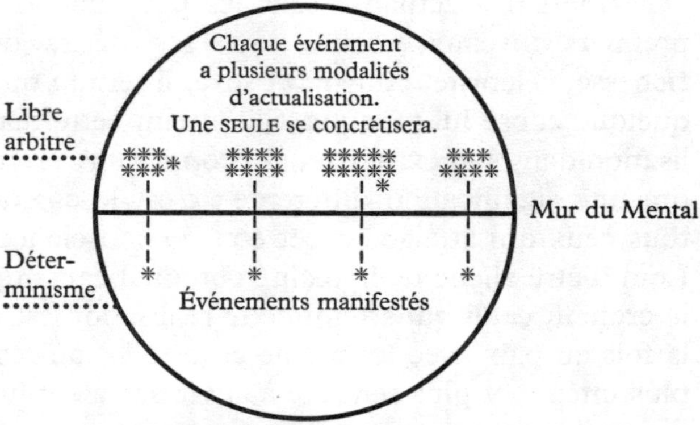

C'est « l'Attitude intérieure », et non la pensée, qui déterminera telle ou telle actualisation.

L'EXISTENCE
est l'apprentissage de l'ÊTRE.

« L'Homme est potentiel d'une grande semence qui peut s'ouvrir, croître et s'épanouir. C'est sa tâche essentielle. Tant qu'il n'a pas atteint cette expérience sublime et appris à se relever de sa chute adamique, tant qu'il n'aura pas acquis la pleine conscience de la nature de l'esprit, de sa continuité avec l'univers, il lui manquera toujours quelque chose. Il sentira une mélancolie intérieure ; il y aura une voix en lui qui lui dira qu'il n'a pas actualisé son potentiel. Il se sentira insatisfait parce qu'incomplet.

Même s'il a actualisé tous les potentiels des premiers niveaux, réalisé tous ses désirs de richesse, célébrité, pouvoir et sexe, il sentira que quelque chose lui manque. S'il atteint cette réalisation dans son existence, sa propre mort prendra une signification différente ; c'est le cas de tous ceux qui atteignent cet état de conscience. Loin d'être aliéné de la réalité comme beaucoup le croient, celui qui atteint cette réalisation est à la fois en paix avec lui-même et avec les autres, plus intégré et plus sensible à la vie sociale, plus disponible et ouvert pour en finir avec la souffrance de tous les vivants.

Qu'il le veuille ou non, l'homme meurt et renaît à lui-même sur le plan physique, émotionnel et mental à chaque instant. Il appartient à lui et à lui seul de prendre conscience de ce fait si important de son existence. Et c'est déjà le commencement de sa grande réalisation, de son éveil. »

L'Amour qui meut le soleil et les autres étoiles.
(L'Amor che move il sole e l'altre stelle)
DANTE, *La Divine Comédie*
(derniers vers du « Paradis »)

Hervé vient de mourir... Il a rendu son dernier souffle à l'aube grise d'un jour d'hiver. Ce souffle qu'il reçut il y a quatre décennies et qui s'appela : naissance. Ce souffle qui, peu à peu, s'éveilla à sa conscience d'homme, soit une deuxième naissance, prend aujourd'hui son envol dans l'inconnu d'une troisième naissance dans l'Amour... payée chèrement de deux années de souffrance physique et psychologique.

C'est fini, je ne le verrai plus, je ne connaîtrai plus la douceur de sa joue sous mes lèvres, je n'entendrai plus sa voix. Plus jamais il ne sera là ! Les jours, les saisons se succéderont désormais sans lui... et le temps peu à peu gommera son souvenir...

Maintenant, il est une douleur au creux de l'estomac, une crispation dans ma poitrine, la souffrance de mon cœur qui saigne de la séparation. Désormais, sa présence en moi répondra à la frustration douloureuse de son absence devant moi.

Es-tu sur l'étoile, comme le disait Madame T. ? Mais alors, un claquement de doigts seulement nous sépare !

La distance entre nos corps est résolue, puisque tu as quitté le tien. Mais la distance entre les âmes existe-t-elle ? Nous ne pouvons en parler avec les mots de la terre et des corps. Il nous faut connaître le langage de l'âme, l'exhumer de notre profondeur où « la belle au bois dormant » sommeille. Notre Être Conscient sera le Prince valeureux, bravant les sortilèges magiques de la forêt mentale, qui déposera un baiser (contact direct) sur le front de la Princesse endormie, l'éveillant à l'amour.

Ces idées t'étaient familières. Puissent-elles t'avoir aidé dans l'ultime déshabillage...

Ton premier habillage débuta à l'orée du crépuscule, un jour de novembre. Il fut laborieux. Peut-être hésitais-tu à venir ? Sans doute pressentais-tu la souffrance qui t'était réservée ?

Entre les deux pôles de ta respiration existentielle, l'aspir et l'expir, une « histoire », ton histoire, se construisit à travers ton enfance, ton adolescence et s'acheva, alors que tu n'étais qu'au cours de ta maturité.

Tu ne connaîtras pas le lent vieillissement du corps et l'effort de l'âme pour échapper à la sclérose de sa prison corporelle. Certes, nous sommes séparés dans les corps humains, mais nous demeurons unis dans le CORPS de l'HOMME-PLANÈTE. Dans « l'entendement » de son champ d'énergie qui est notre structure commune, elle est l'évidence qui jaillit des cendres de notre séparation. Comment ? — Je ne sais pas... je ne sais pas non plus comment mon déjeuner de midi (un certain volume et un certain poids de matière dense) s'est transmué en l'énergie vitale qui me permet de penser et d'écrire ces lignes.

L'ATTENTION consciente m'apparaît comme une plénitude de la sensibilité. Habituellement, le savoir l'érode ; le savoir-faire l'affine ; la Connaissance l'accomplit. C'est elle dont nous avons besoin... pas de théories.

Ton Attention consciente est présente à des niveaux qui demeurent hors de portée de notre attention automatique (manifestation de l'ego). Celle qui appartenait à ton habillage humain et dont je suis encore revêtue.

Il y a là plus qu'un fossé profond, un abîme de silence sépare les deux attentions. Toute la durée de l'existence nous est donnée pour édifier en nous le PONT de CONSCIENCE qui conduit à l'autre rive. Depuis longtemps, tu l'avais conçu, tu y travaillais patiemment dans le secret de toi-même. Ainsi, lorsque l'heure a sonné à la grande horloge qui mesure le temps des humains, tu passas sans révolte, avec la simplicité d'un cœur pur, vers le retour à l'origine...

Tu nous laisses désemparés dans le dénuement de notre condition humaine où se pleure ton absence, et cette souffrance, nous devons l'assumer car elle est un élément de notre devenir. Tout ce que nous pouvons concevoir découle de l'impulsion indicible, mais perceptible qui meut nos corps. Elle est ce que nous « sommes » : le « je suis » en chacun, qui œuvre sans se « reconnaître ».

L'HOMME se fait à travers les hommes et les millénaires. L'amour humain est la voie qui nous montre la route, ouvrons-nous à son ruissellement de tendresse, vivons-le au présent, non dans le rêve éveillé qui est mémoire dans le temps.

Tu es parti conscient, plongeant dans l'arrière-fond des choses, au terme d'une agonie qui, t'ayant tout enlevé, te révélait l'Essentiel : ÊTRE !

Jamais tu n'acceptas ce monde ténébreux balisé d'embûches et d'enlisement dans le temps profane. Tu t'y sentais mal à l'aise comme dans un vêtement trop étroit. Tu ne fus jamais tenté par le désir tellement répandu aujourd'hui de partir dans des voyages de plus en plus lointains, à la recherche d'aventures inconnues.

Tes voyages furent intérieurs... tu ne les confias à personne... peut-être au chat que tu caressais en écoutant Mozart, au petit chien qui se blottissait contre toi dès qu'il te sentait disponible. Sans doute en faisais-tu confidence aux grands arbres du parc du Luxembourg... à la brise légère sur les quais de la Seine, à ce surcroît de présence à la Vie que la proximité de Notre-Dame répand sur la Cité... Ce furent les lieux de prédilection où tu établissais de secrètes correspondances avec tout ce qui respire dans l'univers vivant...

C'est près de la source intérieure de la vie qu'émerge la confiance ; extérieurement elle se présente truffée de pièges qui se nomment conflits, jalousie, ambitions, envie, mépris, etc. Seul l'équilibre entre les deux versants de soi-même instaure un havre de paix. Sans elle ne demeure que la souffrance éparse sur le monde.

Emmurée dans la souffrance physique qui m'interdisait tout déplacement, nous fûmes séparés longtemps avant ton départ. Chaque jour, le téléphone m'apportait une « photographie » de ton état, et chaque nuit, un rendez-vous silencieux abolissait la distance entre nous dans un espace qui me semblait une respiration commune.

C'est ainsi que, durant des mois, un lien de tendresse infinie nous relia sans image, sans mot... et lorsque tu quittas ton corps épuisé, dont je n'ai pas connu la lente désagrégation, j'eus l'impression irrationnelle qu'une part de moi t'avait suivi dans un nouveau LIEU de VIE...

Quelle maladie de l'âme me rend infirme depuis ton départ ? Quelle sensibilité me manque pour que s'efface malgré moi la certitude de ta présence ? Existe-t-il un envers et un endroit de la Vie en nous ? Un envers où tu n'es plus, et un endroit qui nous unit ?

Et me reviennent en mémoire ces vers de Francis Jammes dans une poésie dont je n'ai pas retenu le nom :

Le vieux village était rempli de roses
et je marchais dans la grande chaleur
et puis ensuite dans la grande froideur
de vieux chemins où les feuilles s'endorment.

L'Homme, enfant de la TERRE et du CIEL

Pont de CONSCIENCE entre les deux MONDES

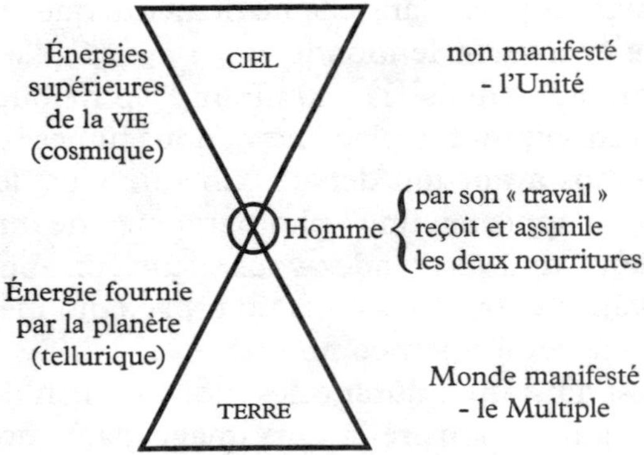

Il en sera toujours ainsi : quitter l'amour humain qui fait deux par addition, pour l'amour divin qui, de deux, fait UN par FUSION.

L'AMOUR est hors du temps humain, mais, par éclairs, son essence en nous y conduit inexorablement. Il est l'aiguille aimantée de la boussole qui nous guidera au travers des tressaillements innombrables des corps qui se renouvellent.

Je suis née de mon père et ma mère qui, eux-mêmes, sont nés de leurs pères et de leurs mères, etc. Si l'amour humain les a unis, l'amour cosmique les fusionnera en une seule onde porteuse du flux universel en retour à l'UNITÉ, à travers les plages de veille et de sommeil des formes qu'IL ANIME.

Le rendez-vous dans le rappel de Soi, que je me donne chaque jour dans une sensation, une émo-

tion, une pensée, je me le donne avec les êtres chers qui nous ont quittés. Il s'agit alors d'une évocation, non d'un souvenir-mémoire. D'ailleurs, ce dernier s'atténue avec le temps, alors que le rappel de Soi-évocation prend de plus en plus de consistance, d'amplitude. Un pont de conscience s'établit, sans mot, sans image, au-delà de notre représentation sensorielle. Il appartient au domaine de l'ÉVIDENCE.

Réfléchissez, l'absence de votre ego, de votre personnalité, « vous » l'avez vécue avant votre naissance. Vous la vivrez après votre mort. Alors tentez de la vivre ICI et MAINTENANT. La pensée de la personnalité procède de l'intellect. La pensée de l'ÊTRE surgit du Silence Intérieur. Évoquez en vous l'impression du « Souffle de Vie ».

Comme l'aurore est l'oubli de la nuit,
Midi l'oubli de l'aube,
Et la chute du soir l'oubli du jour défunt,
D'heure en heure, ma vie se rit de toute attache.

. . . .

Je ne sais plus qui j'étais hier.

. . . .

Et mille et mille soleils veillent sur la nuit
De la grotte du cœur.

Alfred SAPIN, Poésie 84

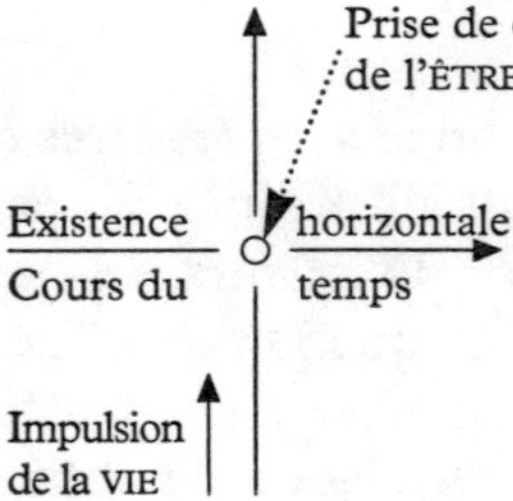

Figure I : 1re phase du travail.
La sensation en soi
du double mouvement
simultanément.

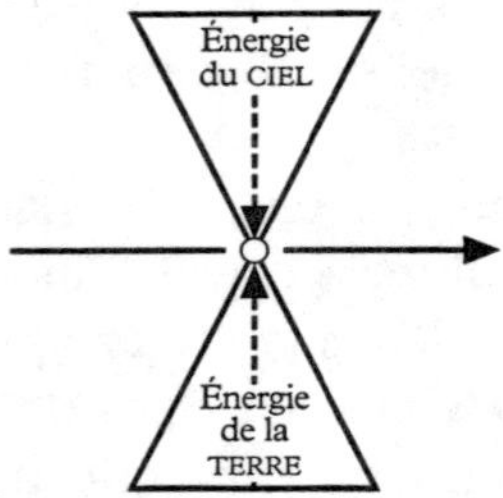

Figure II: 2e phase du travail.
Lorsqu'il est présent,
l'Homme reçoit
les deux énergies.

Le Sentir. *1er mouvement*

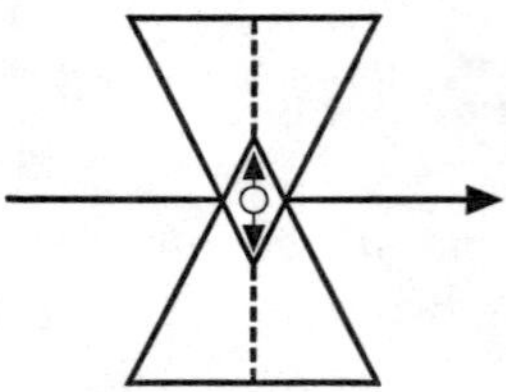

Figure III : 3e phase du travail.
Pénétration dans le temps
horizontal des deux énergies.

2e mouvement

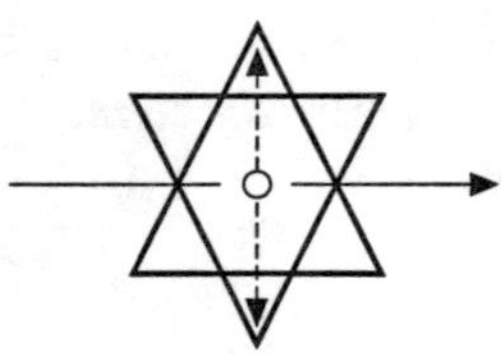

Figure IV : 4e phase du travail.
Un jour, peut-être,
la réalisation de l'étoile.

Il n'y a ici que deux mouvements. Le troisième ne peut s'amorcer qu'après une longue pratique des deux premiers.

Détruire le moi n'a d'autre sens que se connaître.
Connaître le moi pour se délivrer, c'est remplacer
le désir d'avoir par le désir d'être.

René DAUMAL

Lettre reçue d'une participante * à mes cours de « Spiritualité vivante » donnés à l'université indépendante de Vichy :

« Vous venez de donner votre dernier cours. Que de chemin parcouru, mais aussi quel travail de Titan représente ce qui me reste à faire [...] En face de cette feuille de papier, sur laquelle il me semble indispensable que je m'exprime, ce soir, je prends conscience de ma bénignité, mais aussi de ma transformation.

Bien évidemment, celle-ci n'en est qu'à son tout début, mais elle est cependant percevable.

* Janine van Camps.

La qualité de ma vie est autre, sans en être facilitée pour autant...

J'ai fait la connaissance, dernièrement, d'un curieux “ état ”.

Je me trouvais, le matin d'un lundi de Pâques, occupée à cueillir des tulipes dans le jardin de mon cousin. Choisissant les corolles dont la couleur serait la plus appropriée à la confection de mon bouquet, je fus arrêtée, au détour d'une allée, par la vue d'un pied de bleuet.

Il n'y avait là que des feuilles, la saison n'était pas assez avancée pour permettre l'éclosion des fleurs. J'ignore ce qui arriva... par quel effet la vue du petit duvet qui les recouvrait me fit, en une fraction de seconde, voir tout d'abord la fleur, en sentir l'odeur, et me retrouver fillette de huit ans dans le jardin d'une petite amie, sentant mon corps dans une robe blanche, mes bras nus doucement chauffés par le soleil, entendant le chant des oiseaux, le froissement des feuilles dans les arbres, à un moment de la journée qui se situe vers trois ou quatre heures de l'après-midi...

J'étais vraiment dans le jardin, devant un autre pied de bleuet, comme si, brutalement, j'y avais été transportée... Un déclic, répondant à la question “ mais qu'est-ce qui m'arrive ? ”, et j'eus l'impression que mon corps réel était devenu de pierre, que mes yeux d'enfant s'ajustaient dans l'orbite des yeux de la femme que je suis devenue, le temps d'un éclair, le regard de la petite fille traversa le globe oculaire de la quinquagénaire, j'ai senti “ un regard ” passer dans mes yeux...

Mes membres devinrent moins raides, moins lourds. Extraordinaire, la prise de possession de mon regard.

Il m'a fallu un moment pour réaliser ce qui m'était advenu car cela avait été très rapide. Il m'est déjà arrivé de me " souvenir " de quelque événement vécu, en face d'un objet qui avait amené une association d'idées par exemple. Mais là, c'était tout autre chose...

Comment peut-on passer d'un corps de cinquante-six ans dans un corps de huit ans ?

Dans ce qui semble être ce même corps... car j'étais vraiment cette petite fille, je sentais la ceinture de ma robe blanche enserrant ma taille, l'ourlet des manches de mon corsage, la fraîcheur de ma chair toute neuve, sa douceur, la caresse du soleil sur le haut de mon bras droit...

Aucun effet de mémoire, aussi précis soit-il, ne pouvait me permettre de retrouver, avec une telle densité, une aussi grande acuité, ces sensations que j'aurais été incapable de décrire, ne me souvenant même pas les avoir vécues...

J'étais heureuse, légère, fraîche et chaude à la fois.

À quoi servent ces " phénomènes " ? À faire réfléchir, à informer ?

Je ne cherchais nullement à me souvenir de quoi que ce soit, je tentais simplement de constituer un joli bouquet mais... ayant commencé un " rappel " dès mon arrivée dans le jardin, j'avais obtenu un " lâcher-prise "...

Je n'ai pas quitté mon corps, j'ai repris possession du corps de l'enfant que j'ai été, puis j'ai réintégré le corps de l'adulte.

Et les deux états étaient aussi réels...

Où se trouve maintenant mon corps d'enfant ? Et où l'ai-je retrouvé ?... Dans ma conscience ?...

Je ne suis pas sûre de m'être encore bien accrochée à la barque. Voulez-vous encore un petit peu me tenir par la main ? »

Que d'expériences similaires ce témoignage évoque en moi !

J'ai six ans, je suis dans un fossé tapissé de verdure bordant une prairie. Avec une petite amie, nous cherchons obstinément à travers les hautes herbes parsemées de boutons d'or et d'orties, un trèfle à quatre feuilles (porte-bonheur) parmi les nombreuses touffes de trèfles à trois feuilles seulement... et tout à coup, sous nos yeux éblouis... il est là... je sens encore sous mes doigts le velouté des « quatre » folioles de sa feuille. Et ce n'est pas une mémoire de tête, pas un souvenir non plus... Cela appartient à mon corps, à son « vécu ». Je le « vis » tel que je l'ai vécu, il y a soixante-dix-sept ans... la sensation de l'herbe légèrement humide contre mes genoux... le clapotis de l'eau sur les cailloux de la petite rivière...

... le contact glacé sous mes lèvres du front trop blanc de ma petite amie Françoise, étendue, les yeux clos, ses mains d'enfant croisées sagement sur le drap blanc enserrant une rose à peine entrouverte... La diphtérie avait fait son œuvre... Nous étions en 1915.

Je me mouvais encore dans une orbe de sensations avec la simplicité de l'enfance, non captive dans le filet des mots qui, bientôt, lui imposeront leurs règles incontournables.

Tant et tant de ces instants fulgurants de réalité sont « toujours » là, comme les cailloux blancs du Petit Poucet, marquant le « chemin » à travers la forêt inextricable des événements qui font l'existence. Et, si je regarde attentivement, je vois qu'ils apparaissent entre deux pensées automatiques... lors d'un geste inattendu, mon pied heurtant un trottoir, ma main rattrapant la rampe lorsque la marche d'escalier se dérobe, etc.

Ouspensky mentionne dans son livre *Fragments d'un Enseignement inconnu*, écrit d'après les informations reçues auprès de G.I. Gurdjieff de 1914 à 1921 en Russie, puis en France, quelques données fondamentales concernant mes observations :

> « Mais l'existence dans le temps n'embrasse pas tous les aspects de l'existence terrestre. En dehors de l'existence dans le temps, tout ce qui existe existe aussi dans l'éternité.
>
> L'éternité est l'existence infinie de chaque instant du temps [...] L'éternité a une dimension de plus que le temps. Par conséquent, si le temps est

la quatrième dimension, l'éternité est la cinquième. Si l'espace du temps est à quatre dimensions, l'espace de l'éternité est à cinq dimensions.

[...] Chaque moment du temps contient un certain nombre de possibilités, parfois un grand nombre, parfois un petit nombre, mais jamais un nombre infini... La succession des moments de réalisation d'une possibilité constitue la ligne du temps. Mais chaque moment du temps a une existence infinie dans l'éternité. Les possibilités qui ont été réalisées continuent d'être réalisées sans fin dans l'éternité. »

Dans l'Antiquité comme chez les primitifs, l'homme pouvait être facilement plongé dans l'inconscient collectif, par un simple récit dont les images s'emparaient alors de tout son être avec une puissance telle que son système vasculaire et ses régulations neuro-humorales rétablissaient l'équilibre compromis. C'est d'ailleurs ce qui explique la valeur curative de la médecine magique à l'échelon primitif, alors que nous ne concevons la possibilité d'efficacité de cette sorte que tout au plus dans le domaine moral.

C. G. JUNG, L'Homme à la découverte de son âme

Le monde se conçoit constamment selon la qualité et le niveau de nos perceptions, en fonction des capacités de notre système sensoriel. Chaque « rappel de Soi » déclenche un transfert de la commande qui contrôle les manifestations mentales, affectives et physiques, *à la Conscience*. Apparemment, rien n'est changé et, cependant, tout est différent. *Cela* qui perçoit dispose d'une qualité de perception inconnue jusque-là et la PERCEPTION crée notre monde.

Ainsi, je vois que je suis le cartographe d'un pays que je traduis en diagrammes, formules, théories qui en tracent la nature, les contours et les fonctions. La Perception nouvelle me fait « VIVRE » directement les plaines, les montagnes, les rivières, l'air et les parfums des forêts qui sont le réel de ce pays. Il y a la différence qui existe entre lire les possibilités de voyages offertes dans une agence, sur une carte et dans des magazines, et effectuer physiquement le voyage avec ce qu'il implique d'émotions et de sensations. Conscience et Connaissance sont les deux faces d'une même médaille. L'une n'existe pas sans l'autre. Plus je suis consciente, plus la connaissance grandit, liée à elle. Encore une vérification de « croître et multiplier ».

J'ai l'impression de comprendre avec tout mon cœur, tout mon corps, ce qui est très différent de la compréhension avec mon cerveau seulement. Je « sens » que je passe un seuil et qu'ici se trouve une clé...

Cet état ne peut s'atteindre qu'après beaucoup d'efforts de « non-vouloir », de non-faire, de notre ego, beaucoup de lâcher-prise de notre personnalité et une longue ascèse de l'ATTENTION au cours des rappels de Soi.

C'est un état « étale », si je peux m'exprimer ainsi, totalement disponible à ce qui se présente. L'Attention, libérée du mental de l'ego, investit l'ensemble de mon organisme jusqu'à l'écho d'une Résonance dans sa profondeur.

Il faut permettre aux couches profondes de notre corps d'être pénétrées par la Conscience qui descend en elles pour les spiritualiser. Souvenez-vous, « le Verbe s'est fait chair ». C'est ainsi que s'éveille la conscience du corps. Aujourd'hui, sauf à de très rares instants chez certains, et parce qu'ils reçoivent un choc corporel, émotionnel ou moral traumatisant, le miracle du « vécu » apparaît. Une seconde de fulguration a transmué les contraires en la substance de « compréhension vivante », dans le corps et par le corps.

Il est temps de comprendre que la technologie accrue de la fin de notre XXe siècle, aussi sophistiquée soit-elle, est le reflet des innombrables activités de l'Univers, présentes en nous, dans chaque niveau de matérialité de notre corps : protons, neutrons, électrons, atomes, molécules, cellules, organes, animaux, hommes, etc.

L'intelligence humaine n'invente RIEN qui ne soit déjà en lui. Tous les pouvoirs du monde sont innés ou prêts à s'acquérir en lui, et chacun d'eux dans les deux polarités : positive et négative. Créateur-destructeur, aspiration-expiration, contraction-détente, sommeil-veille, naissance-mort... Dans tous ces antagonismes, le plus important est l'INSTANT, hors du Temps qui les sépare. Là gît le secret de la PRÉSENCE. Dans le zen, il est dit : « Un claquement de doigts et la terre et le ciel sont séparés. »

Apprendre à ressentir LA VIE en soi. Nous ne faisons que la penser, et cette verbalisation nous coupe de la réalité de nous-mêmes. Apprenons à « ressentir » l'énergie du processus da la VIE, à ÊTRE LUI... Il contient TOUT, nous sommes CELA !

Ta nature et son destin sont un atome de l'accord universel.
Tes enfants et tes petits-enfants ne sont pas à toi, mais au grand tout, dont ils sont les rejetons. Tu marches sans savoir qui te pousse, tu t'arrêtes sans savoir ce qui te fixe, tu manges sans savoir comment tu assimiles.
Tout ce que tu es est un effet de l'irrésistible émanation cosmique.
Alors, qu'est-ce que tu possèdes ?

LIE TZEU

Aujourd'hui est un grand jour pour moi. Je vais enfin pouvoir parler librement de certains événements de mon existence, sans me soucier de l'incrédulité qu'ils ne manqueront pas de soulever.

En mai 1987, un matin, au réveil, dans la durée infime des paupières qui s'ouvrent, je vois partout du sang, sur le lit, sur le sol, sur les murs, sur le commutateur électrique, comme si une main sanglante l'avait touché. La porte ouvrant sur la salle de bains n'était pas épargnée, le lavabo, le carrelage, tout était recouvert de sang. Et, naturellement, tout cela dans la fulguration d'un éclair !

Je connais l'importance d'un signe de cette nature tout en ignorant ce qu'il signifie exactement. Je comprenais néanmoins qu'il allait m'advenir quelque chose de très grave. De quel ordre ? L'avenir le dirait. Spontanément, je décidai de « bannir » toute anxiété à ce sujet, et, pour cela, il me fallait demeurer présente à moi-même et à la vie en toute circonstance. Ce n'est pas une mince discipline, je vous l'assure. Le mois de mai se termine, juin lui succéda sans incident, sans que mon attention faiblisse. Le 21 juillet, à trois heures de l'après-midi, alors que je tapais à la machine une conférence sur le professeur Dürckheim, à environ un mètre cinquante de moi, le poste de télévision implosait, communiquant le feu aux doubles rideaux et, en quelques minutes, l'incendie ravageait la pièce puis tout le rez-de-chaussée, la cage d'escaliers, etc.

Durant l'action des pompiers, nous demeurâmes, mon mari et moi, sur le trottoir d'en face, regardant ce qui fut le cadre de notre existence depuis plus de quarante ans partir en fumée... et les voisins, les amis accourus me louaient de ce qu'ils appelaient mon courage, mon calme devant ce désastre de feu et d'eau conjugués...

Comment auraient-ils pu deviner que je « me sentais » LIBÉRÉE? L'événement tant redouté s'était accompli : CE N'ÉTAIT QUE CELA ! J'avais tant craint qu'il fût le départ de mon mari, malade à cette époque.

En même temps, « je savais » qu'il y avait eu un transfert du niveau affectif au niveau matériel, de la perte que je devais subir. Ma chambre au premier étage n'avait pas été touchée par le feu, mais les pompiers ayant pratiqué un appel d'air, tout était recouvert par une épaisse couche de cendre grasse.

Cette certitude était valable pour moi seulement, et je ne me suis jamais permis de le dire ni de l'écrire.

Mais je viens de lire dans *L'Homme superlumineux*, écrit par Régis Dutheil, professeur de physique et de bio-physique à la Faculté de médecine de Poitiers *, le passage suivant :

> « [...] déterminisme et libre arbitre existent dans deux espaces-temps différents. Le déterminisme existe dans l'espace-temps sous-lumineux (notre univers) et le libre arbitre dans l'espace-temps superlumineux de la conscience.
>
> Au départ, à la naissance d'un être humain, il existe, projetée sur la ligne d'univers, constituant la destinée de l'individu, une série d'événements rangés en séquences causales. Il y a donc déterminisme. Mais quand l'être humain arrive sur sa ligne d'univers devant une certaine séquence causale d'événements, il a la possibilité de *changer cette séquence et de la remplacer par une autre.* Cette transformation s'effectue au niveau de sa

* *Op. cit.*

conscience superlumineuse où les événements se trouvent rangés en informations. C'est à ce niveau que le libre arbitre existe.

Si, effectivement, une séquence causale est remplacée par d'autres événements, projetés sur les lignes d'univers sous-lumineuses, à partir de la conscience et par l'intermédiaire du cortex, cette transformation se fera en un temps nul du point de vue de l'univers sous-lumineux. C'est-à-dire que, du point de vue sous-lumineux strict, il sera impossible de se rendre compte qu'une série d'événements causalement reliés a été remplacée par une série d'événements liés de la même façon puisque toutes ces transformations ont lieu dans un temps nul. Tout se passe comme si elles ne s'étaient jamais produites et comme s'il existait, du strict point de vue sous-lumineux, une ligne d'univers unique où tous les événements constituant la destinée sont arrangés *ne varietur.* »

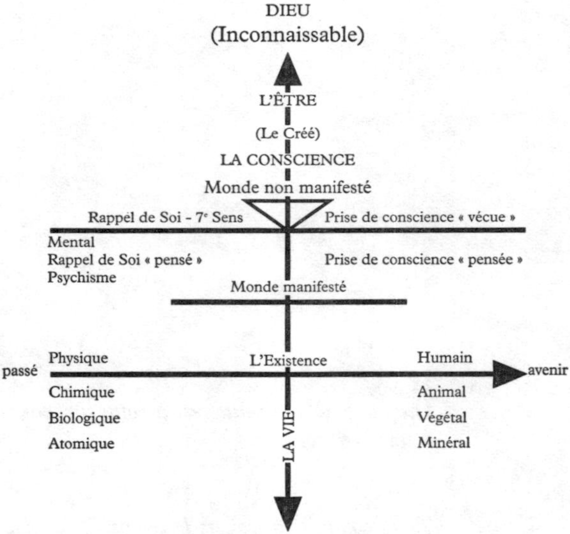

* * * * * * * * *
* * * * * * *
* * * *
*

TRAVAIL INTERIEUR

Au niveau intellectuel
Prise de conscience
Lâcher-prise
Rappel de Soi

Existence - Moi-je personnel
aucun impact sur l'ego

Au niveau du 7e Sens
Prise de conscience
Lâcher-prise
Rappel de Soi

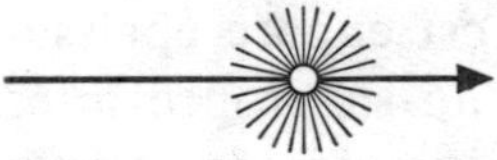

Décollement de l'existence horizontale
et disparition de la réaction personnelle
Ouverture au Transpersonnel

Discute pour tes limites et, à coup sûr, elles sont à toi.

Tu es conduit, à travers le temps de ta vie, par la créature intérieure qui apprend l'être spirituel alerte qui est ton moi réel.

Richard BACH
(auteur de *Jonathan Livingstone*)

Il est une dimension où, pour l'homme moderne, tout est encore épaisses ténèbres. C'est la dimension de sa propre intériorité. L'humanité écrasée sous le poids de sa technologie qu'elle ne maîtrise plus, ne répond pas à sa fonction essentielle : l'évolution de l'Homme.

Les immenses progrès réalisés dans le domaine scientifique l'ont été grâce à un travail collectif qui se généralise de plus en plus. Mais le travail d'équipe, qui se révèle fructueux pour les savants à l'échelle nationale et internationale, ne peut être envisagé dans le domaine de l'esprit, où toute entreprise est nécessairement individuelle. Il ne s'agit plus d'obtenir des connaissances nouvelles, mais d'accéder à un nouvel état de conscience, qui ne peut être atteint que par une transformation totale de l'individu.

La pensée n'affecte qu'un aspect de nous : le Mental. Le désir-émotion est l'origine et la source d'un autre aspect : le sentiment. Et l'impression-mère, cause de toutes nos sensations organiques, conditionne en nous ce que nous appelons notre instinct.

Or nous ne sommes pas conscients de nous dans ces trois aspects *simultanément*. Nous n'en connaissons toujours qu'un seul à la fois. Notre intensité de vie ne représente que le tiers de ce qu'elle pourrait et qu'elle devrait être.

Pour atteindre cette réalisation, la voie que je vous propose de suivre, après l'avoir suivie moi-même, d'après les données de ceux qui l'expérimentèrent avant moi, est celle qui tente d'intégrer en un Tout vos trois sphères de perception et de manifestation.

Et, pour cela, il faut apprendre à cesser pendant quelques instants chaque jour de vous abriter seulement dans un de ces trois aspects.

Pour obtenir la transformation qui a été parfois appelée « une deuxième naissance », l'homme doit s'engager à fond, mobilisant toutes ses énergies et ne vivant plus que pour atteindre son but. Le raisonnement correct et l'observation attentive, suffisantes pour la progression scientifique, ne le sont plus pour l'exploration des profondeurs de l'âme humaine. Pour se scruter, l'homme doit s'entraîner avec méthode et persévérance à développer ses facultés d'observation sans juger, sans comparer, sans formuler. Voir et c'est tout. Seulement ainsi pourra s'accroître sa sensibilité qui va lui permettre de percevoir les frémissements de la vie en lui-même, et chez les autres.

Un courage à toute épreuve est également nécessaire à celui qui part à la découverte de son âme par l'allégeance de son mental à la conscience pleinement éveillée, où, dans une paix indicible, il perd les notions de « moi », de « toi », de « lui »...

Mais on ne peut exprimer l'inexprimable, et cependant je n'ai pas le droit de taire l'essentiel de ce que j'ai vécu depuis bientôt trois ans. Il est impossible de discuter de la douleur physique, ni de la comparer ou de la mesurer. Elle appartient au « ressenti » de celui qui l'éprouve ; elle est le « langage » des couches les plus profondes de son intimité ; le monde de mes cellules, molécules, atomes... leur « appel au secours » à un monde plus « grand » !... mais l'ego l'intercepte en se l'appropriant. Désormais, elle est SA douleur, SA maladie.

Ainsi se ferme l'accès de la flèche de CONSCIENCE CONSCIENTE dans la crypte des mécanismes automatiques de nos fonctions chimique, cellulaire, biologique, etc., là où l'homme peut faire sa plus grande découverte, se trouver face à face avec SA vérité : son « moi » n'existe pas.

Ma mère quitta ce monde le jour où John Kennedy fut assassiné. Sur le plan strictement humain, Madame Tout le monde et le président des États-Unis, deux événements semblables et cependant sans aucune commune mesure dans leurs implications ultérieures. Pourtant, l'instant crucial du terme de leur existence appartient au même insondable mystère de la vie...

La coïncidence de date de la fin de ces deux destinées, dont l'une me bouleversait dans mon ultime profondeur, m'aida beaucoup à prendre conscience que l'existence, dans toutes ses modalités, n'est qu'un « rêve », avec ses lois collectives et personnelles, tellement imbriquées les unes dans les autres qu'il est presque impossible de les dissocier.

Lorsque l'Attention CONSCIENTE découvre le fil d'Ariane dont le RÊVE est tissé, elle travaille patiemment à dénouer chaque maille du filet qui s'est construit à partir de notre enfance et nous ligote autant par sa densité que par notre ignorance.

L'Aventure est en nous et c'est une Aventure prodigieuse. Il est urgent d'établir une relation avec soi-même, descendre dans son intimité la plus secrète et PRENDRE CONSCIENCE de la « coupure » qui donne naissance à l'ego. Il nous fait toujours agir pour un profit personnel, même si nous l'ignorons, nous tendons inconsciemment à nous valoriser. Aucune transformation ne pourra s'amorcer avant que nous ayons « vu » son JEU qui conditionne notre existence.

Alors une impulsion inconnue transforme TOUT. La perception nouvelle d'une compréhension VIVANTE transcende l'espace-temps familier, me révélant l'évidence d'une « cataracte de simultanéités » : le monde de l'infiniment petit sans lequel je n'aurais pas d'existence. C'est un univers immense qui ne se repose jamais, accomplissant avec une grande précision les tâches multiples qui maintiennent en vie l'organisme corporel, malgré les pollutions imposées par le psychisme (accélération et décélération des rythmes biologiques).

Comment oublierais-je jamais cette révélation d'un aspect de la réalité ?... Moi-je, potentat de milliards d'infimes créatures (cellules, molécules, atomes... que sais-je ?) et « simultanément » UNE six milliardième cellule de « l'Homme-Humanité »... Le *processus VIE en action...*

Le concept, qui m'est cependant familier, implose dans ma tête en une merveilleuse énergie qui envahit tout mon corps en se diluant dans mon sang et ma chair, et pour la première fois, « je vis » l'intégration d'une connaissance... Simultanément j'en mesure la responsabilité. Les événements ne répondent-ils pas aux désirs des hommes ? Ne sont-ils pas des pensées réalisées ou en cours de réalisation ? Désirs égoïstes, insensés, pensées conflictuelles engendrant jalousie, violence, et toute la négativité de nos comportements automatiques inconscients ?

Désormais, je ne peux plus ignorer cet aspect de

la transformation intérieure. Je lui suis associée intimement. Ce sont les hommes qui détiennent la clé permettant la PLÉNITUDE infinie de l'ÊTRE...

Chacun de nous est un grand mystère — notre venue en tant qu'être unique sachant expérimenter. C'est ce grand mystère qui a motivé et inspiré ma vie en tant que neuroscientifique.

Sir John C. ECCLES,
Prix Nobel de physiologie et de médecine

Le soleil revenu après une longue éclipse brille de tous ses feux sur la campagne nimbée des premiers feuillages rougeoyants de l'automne.

Soudain, à la sortie d'un village, la ligne bleue des Puys d'Auvergne se détache sur l'horizon, rendant témoignage de la pérennité de la Nature, pardelà le temps des hommes.

Dans la voiture qui nous conduit à un lieu de rendez-vous important, mon mari et moi-même, sans que rien n'affecte notre conversation qui se poursuit dans une lucidité que ce mot ne peut rendre, je suis, soudain et simultanément ICI et un peu plus de deux mille ans en arrière, « fondue » dans l'ambiance extra-sensorielle des légions romaines de César, combattant les Gaulois dans l'Arvernie où Vercingétorix les a vaincues. Je ne pense pas. Je n'ai aucune vision. Je « ressens » un espace de VIE inconnu, mais intensément réel...

Naturellement, j'ai lu des informations sur cette époque. Elles appartiennent même à notre inconscient collectif. Mais il ne s'agit pas d'une « mémoire » de cela. C'est beaucoup plus important : TOUT ce qui se passa est TOUJOURS LÀ ! Comme si chaque événement continue d'ÊTRE cet événement...

Je résume : mon monologue a cessé. Rien ne parle en moi. J'existe dans deux mondes ; celui où je suis en voiture, dialoguant avec mon mari qui ne se doute de rien, et pourquoi se douterait-il de quelque chose ?... et l'autre, au-delà du temps historique, dans un espace-temps immense où je fais partie de TOUT.

Cependant, sans mot, je sais qu'il s'agit de cette époque. J'ai l'impression que ces montagnes sont vivantes et que mon « ressenti » appartient à leur mémoire.

Je ressens une impression de tendresse infinie insufflant un calme fluide dans tout mon corps. Nous cherchons un parking pour la voiture, puis nous nous rendons à pied à notre rendez-vous*, à travers les rues bruyantes, les gens pressés qui nous ressemblent... l'ambiance gallo-romaine est tou-

* L'Hôtel-Dieu de Clermont-Ferrand.

jours là. Son irréalité sensorielle est aussi réelle que les immeubles, les magasins, les piétons que je côtoie. Elle me quitta seulement à l'instant de ma poignée de main à notre hôte.

J'insiste sur la simplicité et le naturel de cet état de paix, d'harmonie et de confiance, que rien ne semblait pouvoir jamais troubler. Je pense que la souffrance physique endurée depuis plus de deux ans, et que cette expérience n'annule pas, fut un facteur important, un peu comme le fléau de la balance entre les deux plateaux.

Emergeant de ma profondeur, un mot monte à mes lèvres : RÉSONANCE... Je perçois un accord de résonance avec « autre chose » que mon univers familier, autre chose que sa texture même. Cela s'apparente à l'intensité-instantanéité de quelques flashes de conscience vécus dans des circonstances graves au cours de mon existence.

La résonance me semble correspondre au « lieu » géographique où je l'éprouve. Je pense qu'en Orient, en Afrique, en Amérique ou même dans une autre partie de l'Hexagone, mon ressenti eût été différent, mais il contient l'ÉVIDENCE que ce que j'appelle l'environnement extérieur est VIVANT. Où que je sois, TOUT est VIVANT !

Depuis, cette « situation globale » se renouvela et se renouvelle à l'instant où je la relate. Elle arrive à la suite d'une période (un jour, une nuit, quelques heures) de souffrance aiguë à la limite du supportable. Cela m'incite à penser qu'il se produit un certain impact sur le métabolisme du corps. A quel niveau ? Je l'ignore.

Dans un éclair, je perçois un nouveau rythme à l'intérieur de celui qui m'anime habituellement. La clé est LÀ : une fracture dans un « mouvement » qui m'enferme donne accès à un nouveau rythme. Pourquoi ce terme « le toucher solaire » jaillit-il du tréfonds de moi-même ? Une amie très chère m'adressa l'autre jour cet extrait du Psaume 19 de David. A-t-elle pressenti ma nécessité de comprendre ?

Les cieux racontent la gloire de Dieu
et l'œuvre de ses mains, le firmament l'annonce ;
le jour au jour en publie le récit
et la nuit à la nuit transmet la connaissance

Non point récit, non point langage
nulle voix qu'on puisse entendre,
mais pour toute la terre en ressortent les lignes
et les mots jusqu'aux limites du monde.

L'animal appartient à la terre et à ses rythmes. Il vit « horizontalement », allongé sur elle. L'homme semble se tenir verticalement ; mais sans la prise de conscience qui, seule, peut l'arracher à la condition animale, il demeure un automate mû par des énergies incontrôlées. Tant qu'il en sera ainsi, il ne pourra remplir le rôle qui lui est dévolu par la GRANDE VIE UNIVERSELLE : unir en lui la Terre et le Ciel...

L'homme est un niveau d'organisation de la VIE. Tous les organismes sont des niveaux d'organisation de la VIE. Les uns, les plus infimes matériellement, donc les plus nombreux (les particules élémentaires), participant à la structure des plus complexes énergétiquement. Le Tout-énergie s'organise en de plus en plus de matière, laquelle se dématérialise en de plus en plus d'énergie dans un MOUVEMENT créateur de rythmes, de structures, de formes, de substance, matière minérale, végétale, chimique, biologique, organique, animale. Le tout miniaturisé en l'humain, lui-même cellule de l'« HOMME-HUMANITÉ » à l'échelle de la planète...

Celle-ci tourne sur elle-même d'ouest en est, tandis que les civilisations, les traditions, les religions, les migrations se déplacent, à sa surface, lentement, à travers les millénaires d'est en ouest...

Peut-on penser que le « processus matière » se referme sur lui-même en vingt-quatre heures d'ouest en est, et le « processus psycho-mental », d'est en ouest ? L'ATTENTION consciente, omniprésente est la VOIE de la CONNAISSANCE.

La petite chapelle tout en haut sur le Mont se découpe solitaire sur le bleu du ciel. Elle est au vide de l'espace ce que mon corps est à l'ÊTRE : un LIEU de manifestation de la VIE. À cette « révélation », quelque chose d'immense bascule en moi : ma relation avec mon corps ! ce corps douloureux qui se meut avec difficulté m'apparaît tout à coup comme un objet précieux qu'il me faut préserver, économiser, car il « témoigne » de l'ÊTRE. Il est une de SES expressions et je dois le servir.

« Nul ne peut atteindre l'aube
sans passer par le chemin de la nuit »

KHALIL GIBRAN

Les gloires célestes qui fleurissent une heure à l'aube ne diffèrent pas fondamentalement du pin géant qui vit un millier d'années.

Poème Zen

Il est trois heures du matin, je m'éveille... en réalité, je « découvre » une évidence fantastique.

Ce que je croyais être moi, cette Jeanne Guesné de 84 ans, son corps vieilli, usé, son comportement habituel de réactions, ses opinions, ses gestes, tout cela est imaginaire et n'existe pas.

Seul un ensemble de fonctions très précises s'exprimant dans des structures organiques complexes, contenues dans un écrin de peau tapissée de terminaisons nerveuses et de minuscules artérioles, existe bel et bien.

Cet ensemble marche, parle, travaille, écrit, se repose, dort spontanément et indépendamment de ce que la pensée-mémoire déroule inlassablement.

Comment un processus physiologique est-il

converti en processus mental ? Il n'y a pas de réponse. Il se vit. Les sensations sont mentales. Les scientifiques nous apprennent qu'il faut un formidable gaspillage d'énergie pour que les conditions favorables à la vie soient réunies. A l'opposé, une information qui peut être bénigne, soit un éclair d'énergie d'un autre ordre, peut avoir des implications fantastiques.

Entre l'extinction du mot, du son, et le seuil du silence intérieur, L'ATTENTION se fait PRÉSENCE-CONNAISSANCE-AMOUR. La Présence EST sans limites. Elle est POUVOIR. Nous sommes ses moyens d'expression, ses outils.

Durant des années, j'ai cherché avant de trouver quelques indices, puis l'ordre s'est inversé, je trouve d'abord et je cherche ensuite à établir le rapport entre le savoir et le connaître. Ce sont mon corps, ma chair, mes nerfs et mon sang qui trouvent, et ma tête suscite les mots qui expliquent, mais laisse ouvert le libre passage de la vie.

Le sens ultime de la vie doit nous être révélé par « autre chose » que la pensée, quelque chose qui prend sa source plus profondément en nous. Nous sommes faits des vibrations de plus en plus subtiles des protons, des neutrons, des électrons, des atomes, des molécules, cellules, etc. Tout cela est *vivant*. Tout cela sent, éprouve, souffre et, pourquoi pas, AIME !

Nous sommes séparés de la réalité par notre bavardage intérieur qui ne cesse jamais, sauf à l'instant d'un choc physique ou psychologique. Lorsque la Présence surgit, elle perçoit directement la Présence enfouie profondément chez l'autre en face d'elle, et la délivre, le temps d'un instant vécu, au-delà de notre dimension spatio-temporelle.

Lorsque j'emploie le mot « Présence », je ne traduis aucune image, aucune forme que je percevrais. Cependant, l'impression « vécue » est si réelle, si incontestable, qu'elle a pour moi une valeur de réalité, dépassant largement mon sentiment d'exister.

Nous sommes des fabricants automatiques d'images mentales, alors ne nous étonnons pas de la pollution de médiocrité engendrée par la négativité de nos états d'humeur conflictuels, anxieux ou agressifs. Être, Ici et Maintenant, c'est échapper à l'ensevelissement des images du temps quotidien.

L'abîme se creuse entre le savoir et la connaissance. C'est l'homme qui peut relier les deux états, car il est lui-même le sens de son existence. C'est en lui que doit émerger dans la vie de tous les jours un dessein, un but, une aspiration à un plus d'Être. Cette aspiration devient l'onde porteuse, le vecteur d'énergie consciente. Lorsque ce niveau est éveillé, il fait surgir les événements indispensables à la poursuite de la quête. Il faut être disponible, à l'écoute du signe, et relativement détaché des intérêts personnels qui sont nos barrières.

La vie aujourd'hui est dévalorisée, banalisée, dépourvue d'expression, de vigueur. D'où la frénésie de violence, le besoin de la drogue, des rythmes percutants de la musique rock pour réveiller notre sensibilité atone. C'est à la fracture de l'Ici, Maintenant, causée par la prise de conscience de Soi, que se situe la clé de notre Éveil : se percevoir grain de VIE immortelle dans un corps mortel. Par notre effort quotidien, se pénétrer du « goût » de l'ÊTRE, se sentir LUI, sa chaleur lumineuse... l'AMOUR qui englobe TOUT et pénètre TOUT. Comment traduire avec des mots l'indicible, l'inexprimable ?

Tant que l'unité de la Conscience humaine ne sera pas réalisée, il ne saurait y avoir une communication authentique entre les hommes. Nous ne pensons à travers nos théories, nos systèmes, qu'en termes de conditionnement, donc de séparation. Le savoir est le produit de l'accumulation des informations et, par cela même, il est une énergie, l'énergie de la technologie par exemple. Gardons-nous de l'ériger en idole.

La connaissance est spontanée, sans hiatus entre sa réception et son assimilation. Elle est le contact avec la résonance universelle de la VIE. J'ajoute néanmoins que, sans la lucidité vigilante de l'ATTENTION, nous n'échapperons pas à l'erreur de ce que nous appelons la sincérité. Elle n'exclut nullement la sottise ou l'erreur.

Le 7e sens, lorsqu'il est éveillé, transperce les innombrables écrans que notre ego a construits entre lui et notre Être essentiel. Écrans intellectuel, moral, conceptuel, psychologique. L'humain n'est pas. Il existe seulement. Il ne pense pas ce qu'il voit, il voit ce qu'il pense. L'existence est pensée, non vécue. Aussi loin que nous remontions dans le passé millénaire des civilisations qui nous ont précédés et aussi loin dans l'avenir que notre regard s'attarde, nous ne rencontrons que des « événements », concernant les humains dans leur rapport avec leur environnement physique et psychologique.

Très tôt, je me suis demandée s'il existe « quelque chose » qui demeure permanent au cœur de cette fantasmagorie d'images, d'émotions, de pensées qui est censée être moi... et ce moi, qui est-il ?

Jusqu'à présent, je n'ai découvert qu'une seule chose dans la fulguration d'un éclair : le silence intérieur, le RIEN intégral, source et origine de TOUT.

En écrivant ces lignes, une image se présente à ma mémoire : celle d'un prestidigitateur qui, avec une seule carafe d'eau claire, emplissait les verres tendus par les spectateurs, de liquide coloré au gré de leurs demandes.

Transposée analogiquement au niveau du comportement humain, cette « faculté » causerait un bouleversement total au sein de l'organisation des sociétés humaines.

Tous les possibles sont là, prêts à émerger du silence intérieur. Telle est la certitude inexplicable qui s'imposa à moi depuis ma rencontre avec Madame T. en 1926 *. Je dis « les possibles », et non les extravagances utopiques comme celles de revenir à vingt ans, redonner son membre à un amputé ou faire revivre un mort, etc.

Je sais que nous attirons les événements qui correspondent avec notre type d'attitude intérieure. Les violents attirent la violence et la nourrissent en l'accentuant en eux. Les peureux attirent le danger

* *Le Grand Passage,* Éd. Le Courrier du Livre, 1978 ; Éd. Espace bleu, 1994.

sous toutes ses formes, etc. Mais l'attitude de calme, de paix attire également le calme, la paix. Hélas, même dans les meilleurs cas, nos attitudes sont suscitées par notre ego, c'est-à-dire une volonté ou un désir « personnels ». Par cela même qui nous sépare de notre ÊTRE.

La Paix, l'Harmonie, l'Amour sont les valeurs universelles de la CONSCIENCE qui nous « appelle » au tréfonds de nous-mêmes, et que nous « n'entendons pas ». Nous oublions ou nous ignorons que tout ce que nous pouvons envisager peut être apprécié selon deux optiques différentes : la quantité ou la qualité. La quantité sur la ligne horizontale, la qualité à partir du décollement de la première. On peut prendre le schéma comme celui du travail intérieur. La quantité se révèle extérieurement. Nous prenons conscience de la qualité * en la « ressentant intérieurement ». Lorsque la pensée l'explique, elle a disparu...

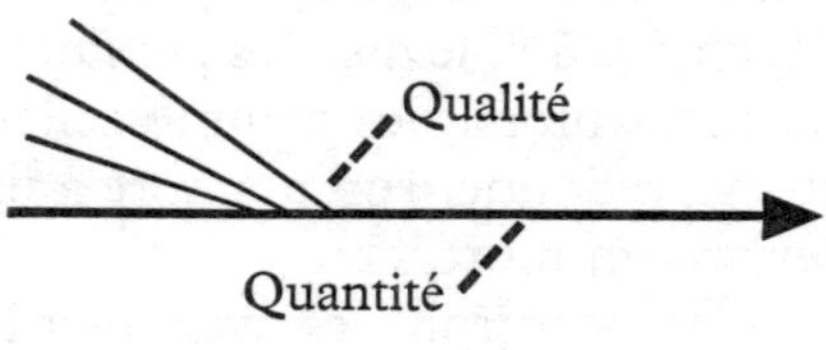

* « En ignorant le mystère de la qualité, nous amenuisons plus encore la perception de notre relation vivante avec le cosmos. [...] Il y a une vraie joie dans la qualité trouvée, une vraie souffrance dans la qualité trahie, et ces deux expériences sont les moteurs qui, sans relâche, renouvellent notre recherche. » Peter Brook, « Une autre dimension », *Les Dossiers H.*

Lorsque nous pensons avoir gagné un plus avec la compréhension intellectuelle scientifique, peut-être avons-nous perdu en nous détournant de la chaleur humaine contenue dans l'échange affectif avec la nature.

N'oublions pas que le tissu social essentiellement égotique auquel nous appartenons, pieds et mains liés sans le savoir, n'est pas précisément un lieu d'épanouissement.

Savourons cette pensée :

> « Les gens ont leur vie voilée par les perceptions sensorielles, les sentiments et le “ savoir intellectuel ”. Ils ne perçoivent pas la magnificence de la substance primordiale. S'ils étaient capables d'éliminer en un éclair toute imagination, cette substance primordiale se manifesterait d'elle-même, comme le soleil s'élevant dans l'espace illumine l'univers entier. »
>
> HSI YUN

Je dormais et je rêvais que la vie était la joie.
Je m'éveillai et je vis que la vie était servir.
Je servis et je vis que servir était la joie.
Rabindranath TAGORE

Hier, au cours d'une promenade dans la montagne bourbonnaise, nous avons arrêté la voiture à un carrefour de petits sentiers qui s'enfonçaient dans la forêt recouvrant les pentes du Montoncel. L'air pur et frais caressait ma nuque et mes bras dans un glissement très lent, et je me sentis soudain interpellée par son mouvement essentiellement vivant qui éveillait ma lucidité. Vraiment, la VIE n'avait que faire des « bavardages » avec moi-même qui font le lit de mon existence.

Partout, autour de nous, la terre se recouvrait d'une luxuriante végétation. Les fossés disparaissaient sous l'affluence des graminées de toutes espèces, tissant un voile léger de leurs tiges souples et fines animées par la brise. Au-dessus des arbres, le ciel d'un bleu très pur répandait sa paix dans mon cœur...

« Voir » et « penser » sont deux actions différentes, et ne sont jamais présentes simultanément. Je ne pensais pas. Je VOYAIS. Rien ne me séparait de toute cette verdure, des cailloux du sentier, ou du clapotis du mince filet d'eau qui serpente entre les galets tapissant le lit du ruisseau.

Merveille des merveilles, ma tête était « libre », silencieuse et je ne faisais AUCUNE expérience. Je n'entendais aucune voix me parler. J'étais dans « RIEN », et de ce RIEN émanait une « simultanéité » d'évidences qui me pénétrait à travers ma chair, mon sang et mes nerfs jusqu'au tréfonds de moi-même.

En fait, depuis vingt-quatre heures, auxquelles il faut retrancher les heures de sommeil de la nuit, ma faculté de percevoir s'accrut jusqu'à d'indicibles limites. En premier lieu, m'apparut l'importance de la vie humaine, non pas dans les actions positives et négatives dans lesquelles elle est constamment impliquée, mais par le seul fait d'exister, une transformation d'énergies, de différentes qualités, s'effectue à travers elle. La nourriture végétale et animale alimentera le tonus musculaire et l'ensemble du métabolisme. Grâce à l'oxygène apporté par la respiration, l'émotion et la pensée compléteront le fonctionnement de l'organisme dont l'homme est provisoirement le locataire.

Sans le potentiel énergétique de ces « nourritures » qui le relie à la terre et au ciel, en venant « mourir » en lui pour se transformer en protéines, émotions, images et pensées, il n'aurait pas la vie. Et, de ce point de vue, que l'organisme appartienne à un détenu de Fresnes, au propriétaire d'un château ou à un vagabond, il n'y aura pas de différence.

Je précise que ces « données » sont simultanément présentes en moi, sans aucun empiétement de l'une sur l'autre, un peu comme le cœur bat dans le même temps que les poumons respirent, que l'intestin continue son mouvement péristaltique.

J'ai déjà ressenti plusieurs fois ce travail de transformation dans mon corps au cours de ces dernières années, mais jamais avec une telle puissance d'enracinement en moi. Il effaça nombre d'éléments de mon conditionnement intellectuel, et transforma ma « vue » sur le monde. Ce n'est pas un concept, mais une réalité vivante. Je suis un organisme humain en état de fonctionnement, qui respire, mange, boit, digère, marche, pense et parle, etc. et mieux il est programmé, mieux il s'exprime. Sans que j'en aie conscience, mes perceptions sensorielles mentalisées CRÉENT les « décors » du monde humain dans lequel je m'enferme en les projetant. Les émotions et les pensées automatiques animent le « moi-marionnette » qui fonctionne dans ces décors, me séparant infailliblement de « l'Appel des Profondeurs », directement issu de l'ÊTRE.

Mais aujourd'hui, JE SAIS, par toutes les fibres de mon organisme qui le « ressent », que six milliards d'êtres humains font les mêmes projections sensorielles et psycho-mentales, qu'ils concrétisent en les actualisant.

Et cette création devient une sorte de « mur de

Berlin », puissance accentuant notre séparation avec notre origine. G.I. Gurdjieff enseignait que l'homme était maintenu dans une sorte d'hypnose par la pression de la masse des humains qui s'exerçait constamment sur lui, s'opposant ainsi à l'éveil de la Conscience. La progression démographique actuelle intensifie cette pression et diminue nos possibilités d'échapper à notre esclavage inconscient.

Il devient facile de comprendre la raison de notre sentiment de bonheur, de liberté retrouvée, lorsque, quittant la ville bruyante et encombrée, nous marchons dans la campagne, foulant l'herbe tendre au bord de la rivière... dans le silence de la forêt ou sur le sable de la plage déserte, nous échappons en partie à « l'hypnose de masse ». Tous ceux qui méditent, aux premières heures du matin, connaissent la richesse des instants de plénitude où l'UN et le MULTIPLE se confondent.

Ne serait-ce pas le fait que la nuit, la majorité des gens dorment, diminuant ainsi la pollution émotionnelle et mentale dans laquelle nous sommes constamment immergés ?

Chaque passage d'un niveau de conscience à un niveau supérieur constitue un « allégement » physique et psychologique, une sorte de désengagement du conditionnement humain, qui est ressenti comme un « plus d'Être », une liberté, un bonheur retrouvé. C'est passer d'un séjour carcéral à la liberté dans la nature. La sensation de vivre est exaltée, et curieusement... je ne pense plus. JE SUIS ICI MAINTENANT ! Mais, attention, ces mots ne sont que la « traduction » de l'« état » vécu, et je les emploie pour communiquer avec vous. Ne laissez pas la pensée s'en emparer pour amorcer une discussion avec vous-même. Sentez-les, si vous le pouvez, vibrer au niveau de votre plexus qu'ils éveilleront.

L'homme est constitué lui-même par le résumé de tous les niveaux biologiques, organiques, psychiques et mentaux contenus dans l'organisme humain et, naturellement, il est perfectible à souhait. Ce qui peut évoluer en lui sont les niveaux de ses « prises de Conscience ».

Jamais encore ne m'était apparu avec une telle clarté pour l'âme et l'esprit l'enseignement contenu dans la parabole « L'hôte et les invités », figurant dans les écrits du Maître Amir-Sayed Kulal Sokhari qui mourut en 1371. Son intégration demande l'effort simultané des trois composantes de l'unité humaine : le corps, le psychisme et le mental.

L'HÔTE ET LES INVITÉS *

« Le Maître est l'hôte dans la maison. Ses invités sont ceux qui s'efforcent d'étudier la Voie. Ils n'ont jamais été dans une maison auparavant et n'ont qu'une vague idée de ce à quoi elle peut ressembler. Elle existe néanmoins.

Lorsque les invités entrent dans la maison et qu'ils découvrent les sièges, ils sont vaguement

* Cette parabole n'existe dans aucun classique. Elle est extraite de *Contes derviches,* par Idries Shah, Éd. Le Courrier du Livre, 1979.

conscients de la fonction de ce que cela représente. Ils demeurent souvent perplexes et parfois mal à l'aise.

Le bon hôte qui « connaît » le problème de ses invités s'emploie à les mettre à l'aise, afin qu'ils soient en mesure de goûter la nourriture lorsqu'elle viendra. Au début, ils ne sont pas en état de s'approcher de la nourriture. Certains sont plus rapides que d'autres à comprendre et à saisir les rapports entre les différents éléments de la maison. Ce sont ceux-là qui peuvent communiquer ce qu'ils savent à leurs amis plus lents.

L'hôte, pendant ce temps, donne à chaque invité la réponse qui correspond à sa capacité de percevoir l'unité et la fonction de la maison. Il n'est pas suffisant qu'une maison existe, qu'elle soit prête à recevoir ses invités et que l'hôte soit présent. Quelqu'un doit alors exercer activement la fonction d'hôte, afin que les étrangers qui sont les invités, et dont l'hôte prend la responsabilité, puissent se familiariser avec la maison.

Au début, nombre d'entre eux n'ont pas conscience d'être des invités ou, plus exactement, de ce que signifie la situation d'invité, ce qu'ils peuvent apporter à cette situation et ce qu'ils peuvent en recevoir.

L'invité expérimenté qui a étudié la maison et l'hospitalité est finalement à l'aise dans sa condition d'invité et il est à même de mieux comprendre tout ce qui se rapporte aux maisons et aux aspects variés de la vie dans ces maisons. Tant qu'il en est encore à essayer de comprendre ce qu'est une maison, ou à tenter de se rappeler les règles de l'étiquette, son attention reste trop accaparée par ces facteurs pour qu'il soit en mesure d'observer, par exemple, la beauté, la valeur ou la fonction des différents meubles de la maison.

Cette parabole vénérée est censée s'appliquer sur plusieurs plans. Elle se réfère à la mise en ordre des différentes fonctions psychiques, qui peut permettre à une certaine perception de l'univers, perception supérieure, de se développer.

Elle est aussi destinée à indiquer, sous une forme facile à garder présente à l'esprit, la nécessité d'un groupe de travail, l'inter-relation des individus qui le composent et la manière dont ils peuvent se compléter mutuellement. Il faut un certain arrangement des facteurs, avant que l'individu puisse bénéficier des efforts du groupe. »

Il y a de cela trente-quatre ans, je vécus le premier acte d'une expérience dont le deuxième acte marqua le terme vingt-quatre ans plus tard. Toujours à l'instant de l'éveil du matin... Je me trouvais en compagnie de mon « Maître » de l'époque, auquel, durant onze ans, je vouais un profond attachement. Une évidence m'envahit brutalement avec ces mots qui résonnèrent dans ma tête : « Tu le vois pour la dernière fois »... j'ouvre les yeux, je suis dans ma chambre, la journée commence.

Mes camarades du groupe de « travail » et moi avons justement rendez-vous avec lui quelques heures plus tard. Rien ne laissait présager que mon « aventure » avec eux devait se terminer ce jour, et surtout pas avec lui. Pourtant ce fut ce qui arriva. Ni lui ni moi, malgré nos efforts, n'avons pu transgresser cet arrêt du destin, si destin il y eut... Chaque fois, une circonstance imprévisible fit échouer notre rencontre.

Vingt-quatre ans plus tard, toujours à l'instant où je me réveille, dans une fulguration, je suis assise sur la banquette arrière d'une voiture qui roule à vive allure sur une route traversant une magnifique forêt. C'est LUI qui est au volant, je vois de dos sa silhouette. JE DOIS DESCENDRE pour m'engager à droite dans un sentier. Avant de le quitter, je me penche en avant pour le regarder. IL N'A PLUS DE VISAGE !...

J'ouvre les yeux... Le signe ne laisse aucun doute. Le lendemain, j'apprends sa mort...

Ainsi, à vingt-quatre années de distance (1960-1984), deux « fulgurations » émanent de la même pulsation d'un univers commun, où lui et moi sommes confondus, alors qu'ici, ce fut une séparation totale... et il me fallut encore dix ans (1994) pour découvrir toute la richesse d'information et le pouvoir de transformation contenus dans ces « signes »...

Un rêve, contenu dans un Rêve, lui-même contenu dans un RÊVE, de plus en plus léger... transparent... infini comme le FLUX UNIVERSEL de LA VIE !

En termes que notre époque a dépassés, il n'y a pas d'Esprit sans support de matière, il n'y a pas de Matière qui ne soit dans l'Esprit.

En termes plus adéquats de conscience : tout ce qui existe est vivant et conscient, jusqu'au zéro de conscience que nous attribuons aux pierres. Entre ce zéro et la Conscience universelle, il n'y a pas de cloisons étanches, car la Conscience universelle est la somme de tous les degrés de conscience de tout ce qui existe.

Carlo SUARÈS

Il y a quelques années, au cours d'une réunion à l'Université indépendante de Vichy, je « ressentis » une forte somnolence dans tous les regards portés sur moi, non une somnolence au sens habituel du mot ; quelque chose de profond dormait en eux et ne recevait pas mes paroles qui rebondissaient comme des balles de ping-pong.

Alors, jaillissant du tréfonds de moi-même, je m'entendis leur rappeler les paroles de l'Évangile :

« Laisse les morts enterrer les morts et suis-moi. » Spontanément il se produisit un déclic qui nous « rassembla » intérieurement et une même lumière brilla dans les regards.

Je poursuivis en demandant par quel miracle des mots prononcés il y a vingt siècles dans un dialecte traduit depuis dans toutes les langues, pouvaient encore causer un tel impact sur nous. Aussitôt, je connus la réponse.

Le « sens » en amont des paroles prononcées était une fantastique ÉNERGIE véhiculée par des phonèmes différents selon ceux auxquels elle est destinée. Cette Énergie doit « demeurer VIVANTE en eux » afin d'être transmise ORALEMENT de génération en génération...

Qui l'a gardée ainsi jusqu'à nos jours ?... Les Pères du désert, les ermites, les anachorètes, les grands ordres contemplatifs (hommes et femmes) dans leurs monastères, psalmodiant jour après jour, nuit après nuit, les « sons » vivants et conscients de la prière du cœur.

Ma grand-mère paternelle les appelait : « les paratonnerres de Dieu ».

Dans la grande salle, l'atmosphère fut empreinte d'une gravité silencieuse. C'est alors qu'au dernier rang, se détachant sur le mur... puis au travers des rangées d'auditeurs... et peu à peu gagnant l'ensemble, j'ai VU SIMULTANÉMENT leurs visages tels qu'ils m'apparaissent habituellement et, comme en superposition et cependant les englobant, leurs « vrais » visages, correspondant à un « autre regard » de ma part : le sourire de « l'Ange de Reims » irradiait en chacun... Ce jour-là, la réunion atteignit un degré de réalité inexprimable... Je n'en fis jamais la confidence à personne...

Depuis ce jour, dans des instants d'hyper-lucidité, je vois parfois « le sourire de l'Ange de Reims » fleurir sur un visage ami ou inconnu... Je vois le corps de l'un ou de l'autre danser comme Diagilev ou leur voix « couler » comme la musique de Mozart... tout cela dans une symphonie d'ondes courbes et évanescentes, au-delà de toute apparence concrète... Vraiment un autre univers est là, jouxtant celui-ci...

Mais il m'arrive aussi de « voir » les têtes de carnaval avec leurs yeux de poissons morts, et d'entendre leurs voix éraillées comme celle d'un vieux phonographe... Cela pour me rappeler que sur « l'Échelle de Jacob », on ne peut monter sans simultanément descendre.

La souffrance est devenue pour moi un état de « chair éveillée », parce que je n'ai pas encore atteint la capacité de la ressentir comme « naturelle ». Tenir un paquet d'un kilogramme à la main est pénible pour un enfant, et normal pour un adulte... Cette souffrance établit en moi un monde de « résonance » auquel elle m'éveille. Il n'y a pas de Jeanne qui observe, qui pense, et cette absence est fabuleuse. Elle contient les prémisses de TOUT, sans nommer. Tenter de traduire cette merveille relève du défi du funambule sur le fil entre deux gratte-ciel à New York. C'est une poésie d'évidence, une symphonie de ruissellement lumineux. Ma vie aurait-elle un sens si elle ne contenait pas toute la richesse de ma souffrance « vécue » ?...

Pourquoi s'entêter à ne point nommer l'âme, cette intensité vacante, monde et pensée possibles au beau milieu du corps, comme une rosace ou un petit soleil ?

Michel SERRES

Le jour de Pâques fut pour moi marqué de la pierre blanche du passage à Vichy de Christine Onfelt, d'Avitaberg en Suède, onze années après notre rencontre à la Mairie de Paris, à l'occasion du Centenaire de l'Alliance française.

Elle vint entourée d'une quarantaine de compatriotes, après un voyage dans la France profonde, remontant sur la capitale. Au cours de l'amicale réception organisée par le président Cassier, il s'établit une atmosphère de sympathie, où les propos s'échangèrent dans une grande liberté de ton, avec un plaisir réciproque.

Je ressentis, en compagnie de mon amie et de tous nos visiteurs, le reflet, le frémissement d'un souffle qui permet à la durée de « chanter la Vie ». Et je le reconnaissais pour l'avoir « vécu » en parcourant leur merveilleux pays de lacs et de forêts...

Par quel cheminement mystérieux de ma mémoire profonde émergea-t-il ? Pas de la petite mémoire quotidienne de surface, mais de « l'autre », immense, qui contient le monde et qui attend une « aspiration verticale » pour s'actualiser.

La sensation très particulière de faire émerger de moi toute connaissance, comme si tous les possibles de la Création, passé, présent et à venir, n'attendaient qu'un « geste » ou, mieux, une « attitude » intérieure, pour être là, choses et gens confondus, avant les mots qui les désignent dans ma tête.

Tout à coup, j'avais accès à un autre monde et cependant il demeurait le même, mais ma compréhension « nouvelle » transformait tout : le but, la raison, le sens de mon existence étaient d'« actualiser » ce qui est perçu sur la ligne VERTICALE de la VIE. De faire descendre la CONSCIENCE dans la matière physique, biologique, dans cet autre versant de mon intériorité, laissé trop souvent en jachère... Je ne peux pas faire descendre la Conscience, inconsciemment.

Cette compréhension est une énergie, pas la pensée d'une énergie. J'étais soudain comme un homme du XIXe siècle qui, entrant la nuit dans une maison inconnue et appuyant inconsciemment sur un bouton, voit jaillir la lumière... Désormais, il « connaît » le geste à faire, même s'il en ignore l'explication.

Toutes mes perceptions s'insèrent dans mon

expérience du monde, tel que je suis conditionnée à le percevoir. Elles se transforment en états intérieurs d'après les critères de mon conditionnement découlant de ma culture... Combien de décennies s'écoulèrent avant que « cela me saute aux yeux » !

Dans la mesure où, par mon travail sur moi, mon Attention consciente ne se dilue plus dans mes manifestations, elle s'amplifie en un volume d'énergie vivante qui s'investit dans ma structure physique et lui permet d'assumer ma souffrance sans l'annuler.

Mon corps, lieu de mon existence, est très affaibli. La souffrance incessante qu'il subit depuis trois ans l'épuise, et je dois faire un effort important pour maintenir l'ensemble de ce que l'apparence manifeste. Mettons 80 % de souffrance. Or, lorsque j'écris ces lignes, ou lorsque j'échange sur ce sujet avec un interlocuteur « vivant » et non seulement « existant », dans un cours, une conférence, ma souffrance ne diminue pas, je la ressens toujours aussi aiguë, mais elle ne représente plus que 5 % de la force présente qui a augmenté considérablement.

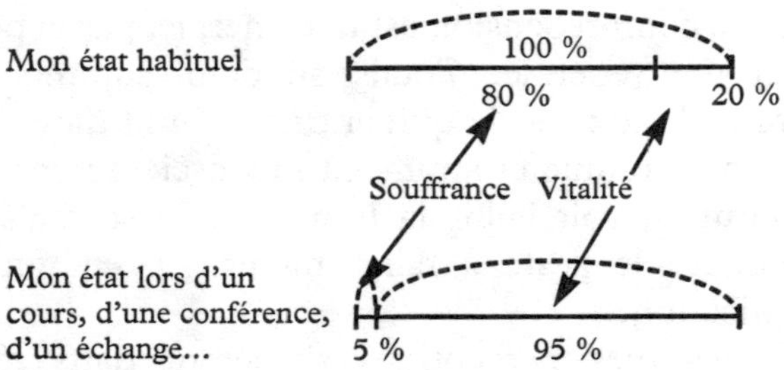

Ensuite, tout revient à l'état initial et mes proches ne comprennent plus cet état insolite. Que se passe-t-il ? Je ne sais pas, je constate... Une énergie d'une autre qualité surgit dans « certaines circonstances ». Elle participe d'un autre ordre et je n'ai aucune influence sur elle...

Il me revient à l'esprit une phrase de Fosco Maraini * qui était entrée en moi directement tant elle m'avait semblé authentique : « Le culte de Civa nous donne à la fois le monde comme cathédrale et le monde comme utérus. Nous y trouvons l'amplitude cristalline, minérale, de la vaste nef de pierre qui s'élève toute fine, en suivant de mathématiques lignes de force, et l'obscurité d'alcôve infiniment fertile, mystérieuse, chaude, incompréhensible et désirée de la matrice. »

Ces deux pôles opposés d'une même « chose » m'apparaissaient comme une loi de la Création absolument intangible et vivante en moi : je m'observe, Un et, obligatoirement, je suis deux : l'observateur et l'observé... et j'aspire de toutes mes forces au TROIS... mais, au moins, maintenant je sais ce qui me manque !

Une expérience vécue sur les routes de France, lors de la débâcle de 1940, et parfaitement occultée depuis, remonte à la surface de mon conscient.

Nous étions vaincus, toute résistance était stop-

* Fosco Maraini, *Tibet secret*, Arthaud, 1952.

pée. De Lorraine où se situait initialement l'unité chirurgicale et médicale HOE 15, à laquelle j'appartenais, nous descendîmes à Commercy, puis à Belfort, Chambéry et plus loin encore.

Au cours d'un mitraillage des convois et des civils, avec une de mes collègues, nous faisions des pansements d'urgence à des soldats blessés dans les fossés bordant la route lorsque la voiture qui nous convoyait, profitant sans doute de l'opportunité de se faufiler dans les embouteillages, disparut et nous ne la retrouvâmes plus. Malheureusement, ma sacoche contenant mes papiers d'identité s'évanouit avec elle.

Il ne faisait pas bon être sans papiers, à l'époque. L'effondrement de notre pays en quelques semaines fut tellement incompréhensible qu'aussitôt émergea de toutes parts une rumeur qui ne fit que s'accroître : la France était trahie par une cinquième colonne qui avait sapé toutes les potentialités de sa défense. Chacun voyait ou croyait voir ses « agents » partout.

Dans le flot des gens qui fuyaient, je perdis ma compagne et je me mis en quête d'une unité marquée au sceau de la Croix-Rouge. Je fus réaffectée à une nouvelle unité avec laquelle j'aboutis à Carcassonne.

L'armistice signé, on me « démobilisa » aussitôt et je pris le premier train où je réussis à me glisser, avec l'espoir d'arriver un peu plus près des miens dont j'imaginais l'inquiétude.

Depuis plusieurs jours, je n'avais presque rien mangé. Avant d'aller prendre le train, une femme que j'avais aidée la veille à porter des bagages, m'avait offert un sac de cerises que j'avais littéralement « dévorées » et j'avais bu un grand verre d'eau à la fontaine. Le train était bondé, je demeurai debout, terriblement secouée. Bientôt je ressentis de violentes coliques et je vécus l'enfer, mordant mes lèvres pour ne pas crier... Le train roulait d'une façon chaotique sur les voies provisoirement rétablies après les attentats de la Résistance. Mon regard se voilait, il me semblait que j'allais mourir. Plusieurs personnes autour de moi s'aperçurent de mon supplice et, faisant lever des gens assis, m'étendirent sur la banquette.

Finalement très inquiets, ils avertirent de mon état le chef de train, et à la petite gare suivante, on me descendit sur un brancard, dans une bourgade qui abritait un hospice de vieillards tenu par des religieuses.

Couchée dans la salle commune, je souffrais de plus en plus de mon ventre gonflé comme un ballon et dur comme une pierre. Un médecin de passage diagnostiqua une occlusion intestinale qu'il fallait opérer d'urgence, sinon...

Mais il n'y avait ni chirurgien ni installation pour quelque intervention que ce fût. Alors les religieuses me dirent qu'elles allaient prier... Je souffrais tellement que de toutes mes forces j'appelais Madame T., m'en remettant à elle pour ce qui allait advenir... Je perds conscience, je tombe dans un profond sommeil. Il doit être 17 ou 18 heures.

Je me réveille à 8 heures du matin, le ventre plat et souple. Je suis en pleine forme, j'ai faim. Les religieuses qui ont veillé sur mon sommeil parlent de miracle... Elles n'osent me donner à manger, j'insiste et je digère merveilleusement le café au lait et les tartines beurrées.

Dans la petite chapelle de l'hospice, trois cornettes blanches se détachaient sur l'alignement rigoureux des travées. Mes très chères petites Sœurs de Saint-Vincent-de-Paul remerciaient Dieu d'avoir exaucé leurs prières...

À deux ans d'intervalle *, c'est la seconde fois qu'un sommeil profond et prolongé me « guérit » totalement d'une affection grave, me laissant la certitude d'une appartenance à une puissance d'un autre Ordre de la Vie. L'Ordre du Sacré dont Madame T. était imprégnée. Je pense vraiment que chacun de nous baigne dans ses vibrations comme un poisson baigne dans l'eau, mais sans le savoir, ni surtout le « ressentir ».

Depuis trois ans, j'aspire de toutes mes forces à un semblable sommeil qui effacerait les douleurs incessantes qui me tenaillent et m'épuisent. Hélas, si je dors chaque nuit sans somnifère et profondément, il ne s'agit pas du même niveau de RIEN. C'est au-delà des mots, avant le concept RIEN... Ne pouvoir le traduire m'apparaît comme une infirmité majeure... De quoi suis-je amputée ?

Le contact indicible du RIEN en 1938, puis en

* *Le 7e Sens,* Éd. Albin Michel, 1991, p. 19.

1940, refuse « d'agir » en 1994. En moi, quelque chose « sait » que je dois découvrir son secret, car il est un « passage » du stade humain actuel à un autre niveau. Cela équivaut à « vivre » ce passage et naturellement la « disparition » de Jeanne Guesné sera le prix à payer.

Pour son amant, une belle femme est un délice ; pour un ascète, une distraction ; pour un loup, un bon repas.

Dicton Zen

Il est vingt-trois heures, je suis à mon bureau, apportant une dernière touche à l'éditorial des *Voies de la Connaissance* lorsque le téléphone sonne. C'est Richard Cummings qui m'appelle de Montréal au sujet d'un entretien avec moi qu'il désire enregistrer pour sa prochaine émission hebdomadaire, *Émergences*.

« Quel thème souhaitez-vous aborder ?

— Celui qui vous vient directement à l'esprit.

— Et bien, disons : La Vie dans " ma " vie. »

Le dialogue s'instaure entre nous. Cinq mille kilomètres et six heures d'horloge nous séparent. J'entends le souffle de Richard vibrer dans ses paroles. Il est infiniment plus proche de moi que mon mari regardant la télévision à l'étage au-dessus. Je sens la VIE présente dans les mots qu'il prononce. Il est tout entier dans la mouvance tranquille de sa voix d'homme jeune et fort.

Cette rencontre sur les ondes dématérialise nos corps. Seul un lien sonore subsiste à travers l'espace et le temps. La Vie dans « notre » vie joue à se questionner, à se répondre, à se faire plaisir. Nous sommes, Richard et moi, deux particules d'ATTENTION HUMAINE fusionnées dans le champ invisible d'une ÉNERGIE où les mots sont « entendus » au niveau du Langage universel qui transcende le mental. A chaque niveau d'énergie correspond son propre niveau d'information.

Un monde informel, irréductible à la pensée rationnelle, émane de la « fracture de l'Ici, Maintenant », avec tous ceux qui ne sont plus... et tous ceux à venir... Un AMOUR inexprimable les enfante... et les reprend... au rythme sacré de sa RESPIRATION COSMIQUE.

Je « suis » simultanément dans deux dimensions de la CONSCIENCE. L'une, où les objets sont concrets : ma main droite tenant le récepteur du téléphone, le regard posé sur trois roses dans un vase de cristal près de la lampe chinoise... l'autre sans limite, où la VIE « dit ce qui doit être dit », rien de plus, rien de moins.

Je vis l'instant de la « béance » entre le rationnel et l'irrationnel : le UN, le deux, et le TROIS qui est UN. La distance entre l'Europe et l'Amérique par-dessus l'océan transmuée en une sensation très précise au niveau du plexus solaire... Je n'ai pas de mots pour traduire l'indicible, je ne peux que le VIVRE !

Le dialogue se termine... une marionnette exsangue repose le récepteur. L'atmosphère est légère, emplie de sérénité. Doucement, très doucement, je réintègre mon état habituel, enrichi de la sensation inexprimable que je viens de « vivre » jusque dans les cellules de mon corps. Tout le VIVANT en moi dit : MERCI à l'inconcevable jaillissement du Sacré qui m'habita l'INSTANT d'une perception... d'un contact !

Du fond de ma mémoire, remonte à la surface le souvenir d'un texte de Krishnamurti, prononcé par lui à Brockwood Park en 1981, qui crédite d'un sens nouveau les graines qu'il sema dans les ténèbres de mon inconscient. Ce soir, leur germination terminée, elles firent acte de présence active, dans la grande Aventure de l'union de deux Mondes.

Voici un extrait du texte :

> « [...] une expérience récente faite avec des rats. Des chercheurs mettent des rats dans un bidon d'eau avec deux sorties, l'une obscure et l'autre éclairée. Quand le rat grimpe la rampe qui mène à la sortie éclairée, espérant s'échapper, il reçoit une décharge électrique et, après plusieurs essais, il redescend la rampe, grimpe vers la sortie obscure et s'échappe. En général, le père et la mère rat mettent un certain temps pour le découvrir, mais leurs enfants apprennent beaucoup plus

vite. Après seulement quelques tentatives, les jeunes rats s'échappent par l'ouverture obscure.

Ils ont effectué ces expériences à la fois en Angleterre et en Australie. Les scientifiques n'étaient pas en liaison, mais leurs conclusions furent identiques : il y avait là une CONSCIENCE de GROUPE. Vous comprenez ce que cela signifie ? Quand il y a un rat qui apprend plus rapidement, cette rapidité est transférée à la TOTALITÉ de la CONSCIENCE. Est-ce que vous saisissez ? Nous en parlons depuis des années — seuls les rats ont illuminé nos esprits ! Très intéressant. Regardez comment nous fonctionnons. Nous ne voyons pas immédiatement la VÉRACITÉ d'une chose. Cela prend du temps. Puis nous apprenons et nous nous transformons génétiquement.

Nous disons que si vous vous transformez par la libération de l'*insight* *, vous le transmettez à la conscience humaine dans son ensemble [...] »

Cette « information » me perturba profondément à l'époque. Puis, peu à peu, elle s'effaça de ma mémoire, celle que j'appelle sociale et conventionnelle. Aujourd'hui elle surgit directement d'un point d'intégration en moi, où elle est reliée à cet autre monde que je viens de connaître.

C'est l'Instant de la VIE dans « ma » vie qui appartient à la TOTALITÉ de la VIE HUMAINE, à son intelligence, à sa sensibilité émotionnelle, à sa

* *Insight :* vision pénétrante d'une chose (*N.d.T.*).

CONSCIENCE, comme l'éclair de compréhension du « bon chemin » pour un rat est acquis pour la conscience de l'espèce entière.

La perception du contact direct ICI-MAINTENANT libère une énergie transmise instantanément à l'ensemble de l'Esprit humain. Teilhard de Chardin l'écrivit et le dit à plusieurs reprises : « Il suffit pour la Vérité d'apparaître une seule fois, dans un seul esprit, pour que rien ne puisse plus jamais l'empêcher de tout envahir. »

Souvent, lorsque je passai devant sa maison natale, au pied du Puy-de-Dôme à Orcines, je me récitai cette pensée en respirant chaque mot imprégné du parfum tenace et amer de la terre d'Auvergne, là où son âme s'éveilla à la Présence de la Lumière.

Tant d'années passées avant qu'une vérité fût acquise ! Avant qu'elle fût intégrée d'une façon irréversible ! Le temps est l'élément indispensable à notre transformation, il est le lit de notre expérience, comme le lit de la rivière garantit son parcours. Cela me conduit à citer un passage extrait du livre du philosophe Daniel Goleman, *Esprit Science* (Boston, 1991) :

> « On dit que, dans certaines régions du Tibet, une personne sur cinq était moine ou nonne. On peut donc se poser une question intéressante : pour quelle raison une culture subvenait-elle aux besoins d'une classe de personnes qui, selon le point de vue occidental, ne contribuaient en rien à l'économie du pays ? Leur travail était de culti-

ver ces états intérieurs. Si nous soulevons souvent cette question, c'est parce que les Occidentaux ont une compréhension superficielle de ce qui est important ; c'est pourquoi notre économie est matériellement florissante et — pour employer des termes psychanalytiques — nous faisons une forte " fixation " sur elle. Nous en attendons trop et nous investissons trop en elle. En même temps, comparativement, notre économie intérieure s'est appauvrie. »

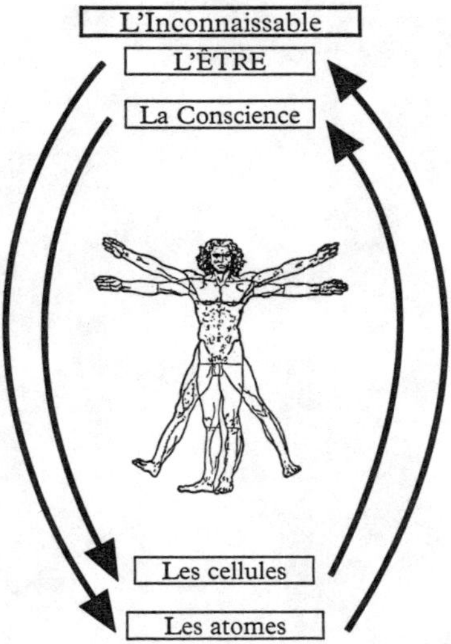

L'Échelle de Jacob

L'existence est une succession d'événements auxquels je m'identifie automatiquement. Le travail intérieur m'en détache lentement dès lors qu'il se poursuit avec persévérance.

À notre époque conflictuelle, ne serait-il pas intéressant à bien des égards de réfléchir profondément sur la théorie « des rats » et sur celle qui amena la réflexion de Daniel Goleman ?

Les métamorphoses de l'attention

Qui suis-je ?... QUE suis-je ?... SUIS-je ? D'OÙ viennent ces questions ?

Ces questions surgissent chez tous ceux qui « se travaillent » intérieurement. Il n'y a donc qu'UN seul esprit humain qui s'exprime en chaque individu... Il émane dans une fulguration qui m'imprègne d'une étrange vivacité, comme le legs d'un « ailleurs » m'invitant à le retrouver.

L'aube d'une intelligence inconnue filtre à travers la confusion de mes pensées-mémoires. Je me souviens, il y a très longtemps, et cependant c'était à peine hier... je devais avoir douze ou treize ans (1922-1923), mon père s'entretenait avec Jean Giraudoux...

Comme les premiers vers d'un poème revenant à la mémoire, au hasard d'une impression, font irrésistiblement ressurgir la poésie tout entière, le nom de Jean Giraudoux, inextricablement lié à l'image de sa longue silhouette nonchalante, ressuscite pour moi l'atmosphère familière de ses rencontres avec mon père.

Il existait entre eux une sorte de contentement. Celui de se retrouver et de revivre, à travers cette rencontre, des tranches de vie qui, jadis, transformèrent profondément leur éclairage intérieur. Ce fut le régiment, dans leur jeunesse, et surtout la guerre... La guerre qu'ils évoquaient avec des mots, mais aussi avec ce que cachent les mots : les instants de silence, inaltérables écrins de leurs souvenirs communs.

Le souvenir de leurs rencontres, les bribes de propos échangés qui m'atteignaient comme un jeu d'intervalles inégaux, émergent aujourd'hui d'une antériorité de soixante-dix années écoulées. Jean Giraudoux, le grand écrivain, le poète, le diplomate, était alors un homme très simple, abandonnant son habituel royaume des fêtes du langage, des subtilités intellectuelles, pour partager avec son ami Émile la richesse du cœur, dans une infinie tendresse de relations entre les idées et les hommes.

Jamais ils ne soupçonnèrent l'écoute passionnée de l'enfant sage, apparemment plongée dans la lecture, près de la fenêtre... Pourquoi ai-je été tellement attentive à leurs propos qui, de toute évidence, ne contenaient pas d'intérêt pour une fillette de mon âge ? Je ne saurais le dire, et cependant je « ressens » encore en moi l'impact qu'ils « déclenchaient » et qui suivit dès lors un cheminement souterrain, à travers la mouvance des événements qui firent mon existence.

Une certitude s'imposait à eux : il ne devait plus

jamais y avoir de guerre entre la France et l'Allemagne ! Quelque chose s'était terminé, en 1918, mettant fin à ce drame sanglant qui dura cinq ans... Ils se promettaient de demeurer vigilants et j'entends encore Jean Giraudoux conclure par ces mots qui pénétrèrent en moi de plein fouet : « Le sang répandu a payé pour qu'il en fût ainsi. »

Sans pouvoir le formuler, je ressentis le sacrifice obligatoire, indispensable à la transformation salvatrice : état de guerre à état de paix, état de haine à état de pardon, état de peur à état de confiance, état de déséquilibre à état d'équilibre, etc. En somme, sans le savoir, j'aspirais déjà à l'état de non-dualité. Il s'écoula des années pendant lesquelles cette « information-impression » s'assimila dans ma nature profonde. Aujourd'hui, je comprends qu'elle exprime une loi de l'existence dualiste, dans la notion d'un rapport « quantité-qualité ».

Hélas, les années qui suivirent anéantirent toute concrétisation de leur commune espérance... Il semblait que le sacrifice cruellement consenti fût insuffisant... ou se référant à la Parole évangélique : « l'heure n'est pas encore venue ». Sans doute manque-t-il le plus important : la CONSCIENCE qui, seule, transforme l'état de dualité en UNITÉ. Tout s'éclaire dans le contact direct de cette « compréhension ». Toute explication s'avère superflue : le monde apparaît alors dans une extrême simplicité.

De ces rencontres, qui ne me concernaient pas, date la « perception » nouvelle et longtemps intraduisible d'un « ailleurs » toujours présent, d'un autre monde au-delà de la pensée et des mots. Je connaissais le sens des idées qu'ils échangeaient AVANT qu'ils ne les parlent. Je percevais ce qui se passait en chacun d'eux, ce qui donnait de la chaleur à leurs voix, de l'amitié à leurs gestes.

Ce fut la faculté de « percevoir » qui grandit en moi au cours de mon existence. Non dans le sens d'une amplitude des fonctions sensorielles (vue, ouïe, odorat, etc.) mais perception de l'« éprouvé », du « ressenti » sans qu'aucun intérêt personnel n'y soit attaché. Lorsque je peux gommer durant quelques instants la pesante structure orthopédique qui me sépare de mon être profond et que j'ai construite moi-même, l'appelant « moi-je », je ressens une étrange impression de complicité entre l'abstraction du Réel et son actualisation dans le flux vital quotidien. Je découvre alors des rapports inconnus entre les choses qui, chaque fois, me plongent dans l'évidence de l'UNITÉ qui contient TOUT. Je découvre aussi que je suis à moi-même mes propres limites.

Un des faits marquants de notre époque est la réévaluation de la réalité spirituelle. Elle n'est pas seulement intellectuelle, mais elle touche aux fibres les plus intimes de l'Être. Elle entraîne, pour l'homme, un besoin croissant de reprendre contact avec une réalité intérieure que beaucoup ont oubliée au profit du développement exclusif de la pensée rationnelle. Cela implique une transformation et une harmonisation de toutes les composantes de la nature humaine.

La très grave crise qui secoue notre monde sonne le glas d'une époque. Seul l'ÉVEIL SPIRITUEL, dans un minimum de consciences individuelles, peut amorcer une transformation en l'homme, l'ouvrant au dynamisme des Voies qui conduisent du « Savoir à la Connaissance », de « l'automatisme à la CONSCIENCE, et des ténèbres de la mort à la LUMIÈRE DE LA VIE.

Au début du siècle, la planète comptait moins d'un milliard et demi d'habitants. Aujourd'hui, la population atteint les six milliards. La confusion est présente dans tous les domaines, sauf dans celui de la technologie où l'adaptation des découvertes scientifiques semble ne plus connaître de limites. À partir des humains, l'énergie mentale se développa en énergie intellectuelle et, avec le temps, recouvre peu à peu la partie solide de la planète. Or nous vivons aujourd'hui une époque où les problèmes scientifiques les plus actuels manifestent une évidence qui déborde le cadre de la matière et correspond à une exigence de l'esprit.

L'inconnu n'est pas synonyme d'inconnaissable, et si nous nous dirigeons sans complaisance vers les pôles les plus avancés de la recherche (matière-esprit) en excluant tout dogme, nous débouchons inéluctablement sur des dynamismes organisateurs et régénérateurs, en notre propre intériorité.

Chacun de nous s'est posé inconsciemment un masque pour se protéger de l'inconnu. Or le propre du travail intérieur est de gommer ce masque avec patience et persévérance, car il se reconstitue inlassablement. Tant qu'il n'aura pas reconnu son esclavage imposé par les hôtes invisibles (pensées négatives, désirs insatisfaits, angoisses, peurs, etc.) qui envahissent son personnage habituel et gouvernent toutes ses réactions, l'homme ne pourra faire allégeance à l'ÊTRE qui habite son ultime profondeur et attend son « retournement », c'est-à-dire son Éveil.

Aujourd'hui, les sciences et les traditions ont fait le premier pas pour se rejoindre, et ce doit être un encouragement dans la confusion des esprits qui règne actuellement. Soyons les « pionniers » de cette reconnaissance réciproque de l'Universalité de l'ÊTRE, et portons haut dans notre cœur le signe du ralliement de notre Nature profonde exigé par l'ÉVOLUTION.

Faisons confiance à l'ordre secret de la Création qui, à travers la multitude des tribulations, conduit l'Homme, d'étape en étape, à la fulguration de l'Harmonie, de la Paix... de l'AMOUR.

Nous faisons l'erreur de vouloir lutter contre notre ego, ce qui le renforce automatiquement. Nous lui reconnaissons un rôle qu'il n'a pas à tenir. Au cours de notre existence, donc de la sienne, il est le « facteur » des « P.T.T. Planétaires » et nous remet le courrier qui nous est destiné. C'est un indispensable intermédiaire, mais sa tâche se termine ici ; il n'a pas à pénétrer chez nous, lire et discuter du contenu des messages qu'il transmet.

Si nous pouvions nous convaincre de cette évidence, combien de conflits, de souffrances inutiles, d'inquiétude, sinon de drames éviterions-nous ?

Il y a quelques semaines, lors d'une émission télévisée sur « les chômeurs en fin de droits », une jeune femme répondait aux questions d'un journaliste. À travers l'écran, je ressentis très fort son angoisse trahie par le tremblement de ses lèvres tentant en vain d'amorcer un sourire. Son attitude réservée, la dignité de son regard projetèrent sur l'écran un appel insoutenable... vingt secondes... trente secondes ? Mon dialogue intérieur stoppa... J'ÉTAIS cette jeune femme, son angoisse était la mienne et, dans un indicible geste dans le Hara, je la « présentais » à « l'ultime pointe » de mon ATTENTION, là où se rétablit l'Harmonie.

Il ne me fut plus possible de regarder l'émission. Une porte venait de s'ouvrir : la perception d'un « état d'ATTENTION » où TOUT peut être « transformé ». J'ignore et j'ignorerai toujours qui est cette jeune femme, mais j'ai la certitude que quelque chose est intervenu dans son existence pour pallier l'angoisse causée par son chômage et le dénuement où il la maintenait.

« Vivre » quelques instants à ce niveau, c'est se tenir à la Source des hologrammes événementiels ou des événements hologrammiques de l'existence. Et, dans un éclair, m'apparaît le rôle extraordinaire que pourrait jouer la télévision qui nous met en contact tant avec les grands événements du monde qu'avec des cas particuliers de demande d'aide dans tous les domaines.

Cette expérience m'ouvrit un horizon insoupçonné sur le champ d'action offert au troisième millénaire. L'énorme crise économique engendrant chômage, misère, violence, guerres, etc. est une crise de CONSCIENCE, dont le niveau ne correspond plus à la réalité actuelle de nos besoins.

Les liaisons par radio et satellites font, dans une certaine optique, s'effondrer notre espace-temps traditionnel. Sur de grandes distances, nous arrivons avant d'être partis. Nous sommes renseignés à l'instant de ce qui se passe presque sur tous les points de la planète.

La découverte pour l'esprit humain de nouvelles dimensions de la Conscience, avec la « transformation » qu'elle implique pour le comportement psychologique des hommes, permettra de résoudre plus facilement qu'on ne l'imagine les difficultés paraissant insurmontables aujourd'hui.

Trois années de souffrance ininterrompue ont développé en moi une extrême sensibilité dans le domaine de l'intuition. Je tente de les traduire comme la perception d'un « compagnonnage » invisible et sublime de participants, qui s'ignorent en grande partie, et sont reliés entre eux par le fil d'Ariane de leur Aspiration commune à l'Unité de la Vie universelle.

Au niveau de leur existence personnelle, ils œuvrent dans des professions leur permettant une certaine « approche » des autres. Ils suscitent des associations, des créations de systèmes d'entreprises (physiques, scientifiques, philosophiques, littéraires, médicales, artistiques, presse, radio, télévision, etc.) où des affinités les rassemblent. Employons un langage populaire, que les physiciens ne peuvent désavouer : « Ils ont des atomes crochus. »

Teilhard de Chardin trouvait, paraît-il, ses intuitions spirituelles dans ses travaux scientifiques de paléontologue. D'où : « Quelques millions d'années pour faire la première bactérie, puis le monocellulaire, pluricellulaire, poisson, reptile, mammifère et primate... puis, Homo Sapiens. »

« Actualiser nos potentialités », disait Lupasco. Je pense que cela peut être le vaste programme du troisième millénaire. Le sens de la Vie doit être déchiffré dans une attitude de l'esprit qui ne nous est pas familière, une attitude « ouverte », ni exclusivement matérielle ni exclusivement spirituelle. Il faut apprendre à se mouvoir, à penser, à agir avec tout son corps, avec la participation de son Être. Cette façon d'être là, avec la Vie, lucide, confiant, peut devenir une force puissante de transformation, un Art de vivre dynamique qui ouvre à l'Universel.

Il faut avoir présent à l'esprit que le champ de l'histoire couvre au maximum sept mille années. Il est incroyablement court si on le compare à la durée de l'espèce humaine. Jacques Madaule disait notamment : « Si nous assimilons l'existence de l'humanité à la vie d'un homme, l'ensemble de ce que nous appelons l'histoire représenterait à peine une journée de cette vie. »

Je pense à cette phrase de Jung dans *L'Ame et la Vie :* « Mais qui donc a pleinement conscience que l'histoire ne se trouve pas dans de gros volumes, mais inscrite dans notre sang ? »

Se libérer du « jeu de l'oie » des questions « Qui,

Que, Où, Quand, Pourquoi, Comment ? », c'est se libérer du « jeu de l'oie » de l'Existence. Le labyrinthe des questions nous enferme dans son piège centripète qui s'auto-nourrit lui-même, et nous demeurons son prisonnier.

Notre corps recèle une masse d'ÉNERGIE qui réclame notre « participation CONSCIENTE » pour se libérer. Lorsque nous sommes totalement à l'écoute, corps, sentiment, pensée, cette énergie devient « dynamique » et le corps est VIVANT. Goûtez-en la saveur une seule fois et vous en retrouverez le goût dans la vie quotidienne. Il est le goût de l'ÊTRE immortel en nous. Il est le goût de l'Énergie qui maintient l'unité du corps mais en demeure indépendante. Cette Énergie est en réalité un second corps.

Lorsque « je m'oublie », elle se dilue, se dissout... Lorsque « je suis présente au présent », elle s'intensifie, s'amplifie... La croissance de ce second corps d'Énergie-Conscience-Connaissance, est le sens même de la VIE.

Par mon travail intérieur, je ne connais pas un accroissement de ma faculté d'analyser, de calculer, de conclure. C'est une amplitude de mon « espace d'investigation », de ma sensation corporelle profonde. Elle conduit à un accroissement de mon discernement qui, peu à peu, me libère de beaucoup de contraintes sociales et culturelles. Si je ne suis pas identifiée à mon corps, je peux « le gérer ». Si je ne suis pas identifiée à mon émotion, je peux « la contrôler ». Si je ne suis pas identifiée à mes pensées, je peux « servir » ma CONSCIENCE D'ÊTRE. Le vouloir de l'ego est toujours une barrière. Avoir FAIM et SOIF D'ÊTRE, c'est l'aimant qui nous relie à nous-mêmes et aux autres. La Force est toujours donnée dans le présent de l'instant.

Il arrive un jour où l'on sent que l'on est deux : un personnage dans un corps, en correspondance avec son environnement, et « quelque chose d'autre », comme un témoin invisible et muet toujours présent. A partir de là s'opère une rupture qui brise un rythme. L'existence continue apparemment sans changement, mais plus rien n'est semblable. On sait que le corps va mourir un jour, mais « ce qui le sait » en est indépendant et la mort ne le concerne pas. Cela est une certitude inexprimable qui ne demande aucune explication pour ÊTRE. Il suffit de demeurer « disponible » à son expression en Soi, disponible à son écoute.

L'erreur serait de confondre cet état de paix sublime avec le calme d'un mental conciliant. D'après Ilya Prigogine (physicien), « il existe des centres de force, les uns invisibles, les autres visibles, c'est-à-dire habillés d'ondes captives matérialisées temporairement ». Vous... moi... nous sommes tous des centres de force habillés d'ondes matérialisées...

En cette fin d'année où s'accomplit le passage entre l'expir annuel de la planète et l'inspir nouveau, marquant la croissance de la lumière jusqu'au solstice d'été, durant quelques jours, il est donné à l'homme l'opportunité de descendre jusqu'au tréfonds de son intériorité, là où il est uni avec TOUT ce qui respire.

Ressentons dans notre chair ce « retournement » du rythme cyclique de la VIE dans la NATURE. Il est l'artisan des métamorphoses au sein des régénérations et des maturations des semences et des racines, sous l'apparente inertie de la terre glacée. Il est le symbole de la Naissance. Toutes les traditions placèrent un sommet mystique de leur enseignement dans le « vécu » de ces jours.

Je ressens très profondément en moi ce passage du testament spirituel de R. Schwaller de Lubicz qui « m'habite » depuis plus de trente ans :

> « [...] Ton Univers est l'Homme. Toi, tu es homme dans cet HOMME, comme chaque cellule, chaque organe en toi est homme par toi. Par exemple, il y a un semblable cœur en l'animal et en toi. Mais le tien est cœur humain adapté à l'état de ta conscience. Par cette Conscience, tu es sur terre, en cet HOMME COSMIQUE, en un lieu déterminé de SA CONSCIENCE ORGANIQUE, et avec le globe terrestre tu chemines à travers ses “ Centres de VIE ”. »

Lisons ce message à haute voix, lentement, en nous laissant pénétrer par le « son » des syllabes. C'est notre faculté de « respirer » l'Énergie vivante qu'il nous transmet dans l'ICI et MAINTENANT de l'ÊTRE.

Ces mots, je les ai sentis vibrer en moi, mon intellect les a notés avec beaucoup d'intérêt. D'une certaine façon, mon cœur fut touché... aujourd'hui seulement, mon corps a tressailli en les « absorbant » comme une nourriture précieuse dont il a besoin pour « participer » pleinement à la VIE. Quelle perspective pour l'Esprit humain à l'aube du troisième millénaire !... Le processus du développement de la conscience humaine, en action dans le travail intérieur. Des niveaux de « sensibilité », laissés en jachère, dès lors qu'ils seront « réveillés », établiront instantanément des « accords de résonance » avec des expressions d'INTELLIGENCE inconnues, dans lesquelles nous avons notre ÊTRE....

Des sens intérieurs prennent vie en l'homme et le font agir spontanément, sans passer par les schémas intellectuels du mental. Il acquiert alors l'état de COMPRÉHENSION dans le SILENCE INTÉRIEUR entre deux pensées, entre deux sensations, entre deux réactions... et tout à coup, c'est l'éclair qui foudroie ! Le RÉEL est l'intervalle entre deux existences, l'intervalle entre le sommeil profond et la veille... ce que nous appelons RIEN... d'où TOUT émane...

La phrase terrible de Jésus dans les Évangiles : « Laisse les morts enterrer les morts et suis-moi ! »

Les morts ne sont pas dans le monde d'après l'existence. Ils sont ici, ils sont nous, qui dormons et rêvons notre condition humaine. Nous vivons dans le despotisme du langage qui nous fait oublier que les mots ne sont pas la chose qu'ils représentent. Nous nous mouvons dans un monde d'étiquettes et dans la mémoire codifiée de ces étiquettes. Nous existons au dixième de nos potentialités...

Je comprends l'émotion que je ressentis au cours d'une émission de télévision, lorsque Bernard Pivot posa la dernière question à son invité : « À la fin de votre existence, lorsque vous arriverez devant Dieu, que souhaiteriez-vous lui entendre dire ? » Peter Brook répondit : « Les répétitions sont finies. »

À l'instant de la mort, l'Énergie-Vie-Conscience qui se sépare du corps et retourne à SA SOURCE, emporte, intégrée à son essence, la moisson du « vécu » au cours de son existence. Moisson organique, psychique, mentale qui est SA mémoire cristallisée.

Je m'éveille à l'accord d'une résonance qui me fait PARTICIPER et ne plus « subir ». C'est une perception inexprimable dans notre langage. Mais, à son contact, mes interrogations anxieuses sur le troisième millénaire volent en éclats : il sera la VICTOIRE de l'ESPRIT sur l'ego immature de l'humanité faite de milliards d'ego humains (corps, émotion, pensée), comme l'Océan est l'ensemble des milliards de milliards de molécules d'eau. Au terme de ce deuxième millénaire, le XXe siècle est d'une certaine façon révélateur d'une métamorphose : celle de la PUBERTÉ de l'ÂME de l'HUMANITÉ. L'Âge de tous les doutes et de tous les espoirs s'exprime à travers une transformation de l'HOMME à l'échelle de la planète, répercutée chez les hommes, c'est-à-dire nous-mêmes.

De grands noms marquèrent ce siècle, comme des phares perçant les ténèbres de guerres terriblement meurtrières, d'affrontements sanglants entre les cultures. J'en cite quelques-uns dans l'ordre où ils nous quittèrent : Ramana Maharishi, G.I. Gurdjieff, Aurobindo, Teilhard de Chardin, Schwaller de Lubicz, Mère, Nisagardatta, Krishnamurti, K.G. Dürckheim. Je reçus de chacun, en son temps, la nourriture indispensable à la poursuite de ma quête de la Connaissance, et mon attention grandit, me révélant l'ATTENTION, VOIE des MÉTAMORPHOSES.

En ce jour de Noël 1994, au-delà des signes sensibles, l'Être invisible des choses est plus que jamais plénitude et fidélité de VIE.

Dans un monde de plus en plus bruyant, la valeur du silence est à redécouvrir.
Nous l'avons peut-être oublié, nous sommes des êtres porteurs de toute la sagesse immémoriale du silence.

Marc de SMEDT, *Éloge du silence* *

Je quitte de plus en plus souvent les autoroutes goudronnées de la pensée rationnelle, leur préférant les sentiers escarpés de l'interrogation. Parfois l'inattendu éblouissant révèle dans un éclair les vibrations du monde.

A l'inverse aujourd'hui, je ressens mon corps vide d'impulsions, en dehors de celles qui assurent son fonctionnement organique, ce dont je suis d'ailleurs inconsciente. Alors, que reste-t-il de moi ? — Ce qui pose la question : « Puis-je demeurer ainsi ? »

Une habitude automatique assure les gestes indispensables : faire ma toilette, préparer le déjeuner, etc. À ce niveau, l'automate suffit. Mais tout

* Éd. Albin Michel.

mon « domaine » habituel de manifestation est inerte, sans intention. Ma tête a suspendu son bavardage, j'attends l'impulsion, je ne dis pas l'inspiration, je veux du concret, je veux « saisir au vol »... quoi ?... je l'ignore, mais je « veille ».

Habituellement, l'environnement extérieur provoque la réaction de l'émotion, du geste, de la pensée formulée, et la manifestation existentielle est « embrayée », causant elle-même des embrayages secondaires. Mon existence est comparable à la conduite automobile où le chauffeur, selon l'état des routes et la densité de la circulation, module le jeu de l'accélérateur et du frein. Puis c'est le débrayage pour changer de vitesse avec l'incontournable « passage au point mort »... Mais ces mots sont de la dynamite qui font sauter le blocage... l'impulsion est là, jaillissant du vide intérieur : JE... pas celui que mes lèvres prononcent, ni celui imprimé sur cette page ; ils n'ont pas de valeur intrinsèque, mais il me faut bien employer des mots pour communiquer. Si vous acceptez de les « entendre » comme on écoute l'interprète traduisant dans votre langue les paroles d'un langage inconnu, vous « connaîtrez » l'instant où l'âme et l'esprit s'unissent dans l'étreinte sans fin d'une respiration commune...

Le silence intérieur joue le rôle de la cellule photo-électrique qui commande l'ouverture de la « porte du cœur ». Je passe le seuil...

Un NOUVEAU SOUFFLE de VIE m'insuffle une Énergie d'une autre nature... Elle m'envahit de toutes parts, créant une indicible Pentecôte. Ma tête, vide de mots, est emplie d'AMOUR, qui rayonne à travers mes yeux, mes narines, mes lèvres, mes oreilles, dans la mouvance d'un bonheur indicible...

Inversion sublime !... de mon cœur silencieux émerge une « force » qui, simultanément, pense et parle des mots « vrais et neufs » (non issus de la mémoire)... LE TROISIÈME SOUFFLE DE LA VIE !

Je le reconnais, c'est LUI qui m'a donné le jour ! Il est l'EXPIR de l'ÊTRE qui donne VIE à toutes SES Créatures et LA reprend dans SON INSPIR COSMIQUE. C'est LUI qui sous-tend toute existence sur la Planète. Invisible à nos yeux, indiscernable à nos sens, IL EST ce qui est RÉEL en nous. Il est de tous les espaces, de tous les temps, avant nous et après nous. Aucun nom n'est assez grand pour le contenir. Le silence mental lui sert d'écrin transparent... Sa respiration est VIE, sa vie est Respiration. De ces deux mouvements, l'Expir crée, l'Inspir dissout le créé. Le *Solve* et le *Coagula* des alchimistes...

Au-delà de toute image, de toute formulation, insituable, inconnaissable, absolu, IL EST L'ÉTERNELLE PRÉSENCE !

Un cri déchire la nuit
L'oisillon frémit dans le nid
Le chien aboie sa peur
L'homme rêve qu'il s'éveille d'un rêve

Entre le monde immense des histoires des hommes
et la brièveté de celui des pucerons
l'éblouissement d'un sourire.

Entre le monde conditionné des « Histoires des Hommes »
et l'infini de celui des étoiles
l'épaisseur d'un souffle de la VIE.

Le 3e SOUFFLE de la VIE, la FORCE sous-jacente au-delà de toutes les morts et de toutes les naissances...
L'éternel « JE SUIS LA VOIE, la VÉRITÉ, la VIE »...

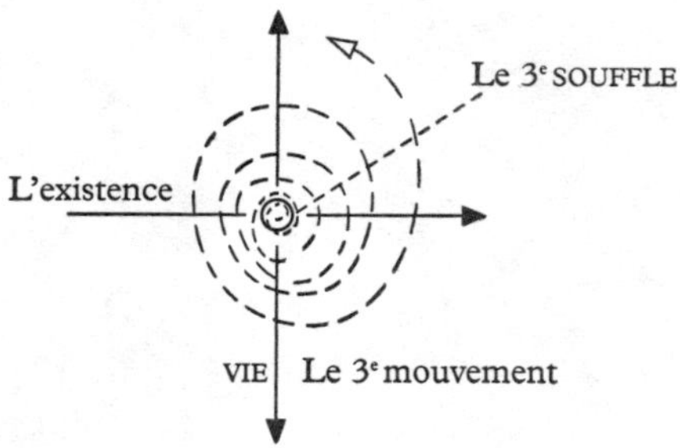

Répétés inlassablement au cours du temps existentiel, les " Rappels de Soi " secrètent la PERCEPTION du CONTACT DIRECT avec TOUT ce qui est, effaçant tout sentiment de séparation, toute sensation de séparativité. Un mouvement inexprimable s'adaptant à tous les rytmes de la CONSCIENCE unifie TOUT.
L'UNITÉ est AMOUR — la VIE est AMOUR est DIEU.

Vichy, janvier 1995

« *Espaces libres* »
au format de poche

30. *Prophètes d'hier et d'aujourd'hui*, de Rachel et Jean-Pierre Cartier.
31. *Merlin l'Enchanteur*, de Jean Markale.
32. *L'Art de la concentration*, de Pierre Feuga.
33. *Contes de la mort*, de Jean Markale.
34. *Le Destin du Monde d'après la tradition shivaïte*, d'Alain Daniélou.
35. *Le Christ hébreu*, de Claude Tresmontant.
36. *La Femme dans les contes de fées*, de Marie-Louise von Franz.
37. *Mélusine ou l'androgyne*, de Jean Markale.
38. *La Tentation des Indes*, d'Olivier Germain-Thomas.
39. *Méditer et agir*, colloques de la Sainte-Baume.
40. *Jésus raconté par le Juif Errant*, d'Edmond Fleg.
41. *Le Zen en chair et en os*, de Paul Reps.
42. *La Clarté intérieure*, de Marc de Smedt.
43. *L'Absurde et la Grâce*, de Jean-Yves Leloup.
44. *Voyages et aventures de l'esprit*, d'Alexandra David-Neel.
45. *La Nuit privée d'étoiles*, de Thomas Merton.
46. *Confidences impersonnelles*, d'Arnaud Desjardins.
47. *Méditation zen et prière chrétienne*, de H.M. Enomiya Lassalle.
48. *Tristan et Iseut*, de Michel Cazenave.
49. *L'Homme aux prises avec l'inconscient*, d'Elie G. Humbert.
50. *La Psychologie de la divination*, de M.-L. von Franz.
51. *La Synchronicité, l'âme et la science*, ouvrage collectif.
52. *Islam, l'autre visage*, d'Eva de Vitray-Meyerovitch.
53. *La Chronobiologie chinoise*, de Pierre Crépon et Gabriel Faubert.
54. *Sentences et proverbes de la sagesse chinoise*, choisis et commentés par Bernard Ducourant.
55. *Vivre, paroles pour une éthique du temps présent*, d'Albert Schweitzer.
56. *Jésus fils de l'homme*, de Khalil Gibran.
57. *Les Chemins du Zen*, de D.T. Suzuki.
58. *Le 3e Souffle ou l'agir universel*, de Jeanne Guesné.
59. *Le Testament de l'Ange, les derniers jours de Gitta Mallasz*, de Bernard Montaud.

La composition de cet ouvrage
a été réalisée par l'Imprimerie BUSSIERE,
l'impression et le brochage ont été effectués
sur presse CAMERON *dans les ateliers de B.C.I.*
à Saint-Amand-Montrond (Cher),
pour le compte des Éditions Albin Michel.

Achevé d'imprimer en septembre 1995.
N° d'édition : 14725. N° d'impression : 1990-1/1734.
Dépôt légal : octobre 1995.